의사
소통
능력

COMMUNICATION
COMPETENCY

Preface

'현대 경영학의 아버지'라 불리는 피터 드러커는 이렇게 말했다.

"당신이 사회에 첫 발을 들여놓는 순간부터 당신이 어느 정도 효과적으로 무슨 일을 하느냐는 말이나 글로써 다른 사람에게 영향을 미치는 능력에 달려 있다. 당신의 생각을 말이나 글로써 전달하는 능력의 중요성은 조직에서 그 지위가 상승해 갈 수 록 더욱 중요하게 된다. 아주 큰 조직에서는 아마 표현하는 능력 그 자체만으로도 사람이 가질 수 있는 모든 능력 중에서 가장 중요한 능력이라고 할 수 있다."고 강조했다.

직장생활을 하다보면 마주하게 되는 일들. 매일 같이 써야하는 보고서, 거래처와의 이메일, 새로운 아이디어가 담긴 기획안 작성 등 우리를 둘러싼 대부분의 일은 문서로 이루어진다. 하지만 작가가 아닌 다음에야 글쓰기에 자신 있으며, 글쓰기가 전혀 어렵지 않다 생각하는 사람이 몇 명이나 있을까? 문제는 여기에서 끝나지 않는다. 글을 쓴 뒤에는 보고나 프리젠테이션, 전화 통화 등 자신이 맡은 일을 잘 설명해야 하는데 이 또한 쉽지 않은 일이다. 논리적으로 나의 의견을 상대방에게 전달해 Ok를 이끌어 내는 것은 모든 직장인의 꿈이 아닐까?

굳이 피터 드러커의 말을 인용하지 않더라도 의사소통 능력이 사회생활에서 중요하다는 것은 모두가 공감하는 바일 것이다. 말하기와 듣기. 그리고 글쓰기는 인정받는 직장인이 되기 위한 기본 역량이다.

2014년에 한국 생산성본부에서 직장인 437명과 공공기관 108곳을 대상으로 조사한 '스마트워크 및 조직창의성 보고서'에 따르면 직장인들이 가장 많은 시간 공을 들이는 업무는 문서작성이라는 결과가 나왔다. 업무에 필요한 정보를 검색하거나 정리하는 것을 포함해 직장인들은 문서작성에 하루 일과 중 절반 이상의 시간을 보내는데 반해 보고(13.8%)나 회의(14%)등 구두로 설명해야 하는 업무는 문서 업무에 비해서 상대적으로 투입하는 시간이 낮은 것으로 나타났다. 이러한 통계에 비추어 볼 때 말보다는 글이 직장인의 의사소통 방법에 있어서 더 많은 비중을 차지한다고 볼 수 있다. 또한 비즈니스 문서는 한번 작성하게 되면 오랜 기간동안 자료가 남기 때문에 더욱 신중에 신중을 기해야 한다.

그럼 이 쯤에서 문서작성의 어려움을 안고 또 하나의 질문을 던져보자.

"나의 의사소통 점수는 몇 점 일까?"

각종 SNS와 사내 메신저가 넘치지만 직장인 대부분은 직장 내 의사소통에 어려움을 겪는 것으로 나타났다. 2014년 8월 취업포털 잡코리아가 직장인 304명을 대상으로 벌인 '직장 내 커뮤니케이션' 설문조사에 따르면 무려 응답자의 92.1%가 '소통이 어렵다'고 답했다.

왜 이렇게 절대 다수의 사람들이 소통이 어렵다고 말하는 것일까?

직장에서 원활한 소통이 어려운 가장 큰 이유로는 '수직적인 조직문화'가 꼽혔다. 이어 '서로 의견을 잘 이야기하지 않아서', '회사 이슈가 잘 공유되지 않아서', '개인적으로 하는 업무가 많아서'등이 거론됐다.

직장 내 커뮤니케이션이 제일 어려웠던 순간은 '상사와의 의견 충돌'이 1위를 차지했으며 2위와 3위에는 각각 '다른 팀과 협업할 때'와 '메일로 업무를 처리할 때'가 꼽혔다.

기업별로는 중소기업 직장인이 소통의 어려움을 가장 많이 호소했다. 이어 대기업, 공기업, 외국계 기업 순이었다.

하지만 직장인 10명 중 6명은 직장 내 커뮤니케이션이 원활하지 않다는 점을 알고 있으면서도 이에 대한 자신의 의견을 표현하지 않는 것으로 나타났다. 직장 동료에 대한 불신과 불이익 우려가 그 이유였다. "의견을 말해도 상사가 들어주지 않을 것"이란 생각은 사내 의사소통을 더욱 소극적으로 만드는 원인이 된다. 수직적인 조직문화를 개선하고 의견 교류에 대한 두려움을 해소하는 것이 기업과 직원 모두의 발전이 될 것이다.

직업기초능력으로서의 의사소통 능력은 이러한 어려움을 해결하고자 하는 의지에서 출발했다. 이 책에 서는 보다 효과적으로 의사소통 능력을 향상시키기 위한 방법을 5가지 분야로 나누어 정리·기술하고 있다.

문서이해 능력은 직장생활에서 필요한 문서를 확인하고, 문서를 읽고, 내용을 이해하고, 요점을 파악하는 능력을 의미한다. 그리고 문서 작성능력은 목적과 상황에 적합한 아이디어와 정보를 전달할 수 있는 능력을 말하며, 경청능력은 다른 사람의 말을 주의 깊게 듣고 공감하는 능력을 뜻한다. 또한 의사표현 능력은 목적과 상황에 맞는 말과 비언어적 행동을 통해 아이디어와 정보를 효과적으로 전달하는 능력을 의미한다. 그리고 마지막으로 기초외국어 능력은 외국어로 된 간단한 자료를 이해하거나, 간단한 외국인의 의사표현을 이해하는 능력을 말한다. 조직에서 사용하는 문서에 대한 부담감과, 실제적인 의사소통에서 어려움을 겪고 있는 사람이라면 분명 이 책이 좋은 길잡이가 되어 줄 것이다. 그럼 나의 의사소통 능력을 향상시켜 줄 여행을 지금부터 떠나보자.

2019. 1. 저자 일동

활용안내

활용

직업기초능력으로서의 의사소통 능력이란 직업인이 직장생활에서 우리말로 된 문서를 제대로 읽거나 상대방의 말을 듣고 의미를 파악하며, 자신의 의사를 정확하게 표현하는 능력을 의미한다. 또한 최근 국제화의 시대 흐름에 따라 간단한 외국어 자료를 읽거나 외국인의 의사표시를 이해하는 능력까지 포함한다.

이에 따라 직업기초능력으로서의 의사소통 능력은 문서이해 능력, 문서작성 능력, 경청능력, 의사표현 능력과 기초외국어 능력으로 구분된다. 이 교재는 모든 직업인에게 공통적으로 요구되는 의사소통 능력을 자기주도적으로 진단하고 학습하는 것을 목적으로 기획되었다.

구성

본 의사소통 능력 교재는 크게 활용 안내, 사전평가, 학습모듈, 사후평가, 참고자료, 학습평가 정답과 해설로 구성되어 있다.

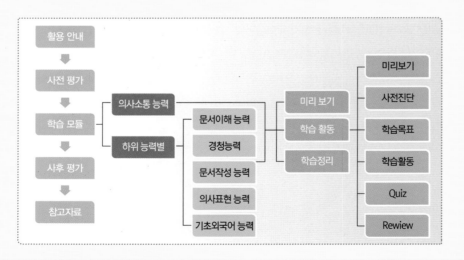

활용 안내는 교재의 전체적인 흐름과 구성을 설명하고, 학습자가 스스로 교재를 효과적으로 활용할 수 있도록 가이드 하는 역할을 한다.

사전평가는 학습 모듈의 학습 전에 의사소통 능력에 대한 학습자의 현재 수준을 진단하고, 학습자에게 필요한 학습활동을 안내하는 의미가 있다.

학습모듈은 직업기초능력으로서의 문제해결 능력에 대한 학습모듈과 의사소통 능력을 구성하는 각 하위능력에 대한 학습모듈로 구성되어 있다. 학습목표에는 직업기초능력으로서 의사소통 능력을 향상시키기 위한 학습내용이 제시되어 있으며 미리보기를 통해 학습내용의 중요성과 필요성을 인식할 수 있는 사례가 제시되어 있어서 앞으로 전개될 본문의 내용을 예상해 볼 수 있다.

각 학습활동은 사례탐구, Level up Mission, 내용, Quiz, 학습내용 Review 등으로 구성되어 있으며 해당 학습활동과 관련된 다양한 사례를 통해 이해도를 높였다. 또한 학습자가 스스로 생각해 보고 정리할 수 있는 다양한 미션들이 제시되어 있다.

내용에는 해당 학습활동과 관련이 있는 다양한 이론과 정보가 담겨 있으며, Quiz를 통해 해당 학습활동의 성취 수준을 파악할 수 있는 문항이 제시되어 있다. 그리고 Review를 통해서는 각 학습모듈의 주요 내용이 한눈에 정리할 수 있도록 도왔다.

사후평가를 통해서는 모든 학습모듈에 대한 학습을 마친 뒤 학습자들이 스스로 자신의 성취수준을 평가하고 부족한 부분을 피드백 받을 수 있도록 하기 위한 체크리스트가 준비되어 있다. 참고자료에는 이 책을 집필하기 위해 정보를 얻은 다양한 참고자료의 출처가 제시되어 있으며 마지막 각 모듈의 Quiz에 대한 정답과 해설이 정리되어 있다. 이 책의 구성을 따라서 한 단원씩 공부해 가다 보면 어느새 의사소통 능력을 폭넓게 이해한 자신을 발견 할 수 있을 것이다.

사전평가

☑ 체크리스트

다음은 모든 직업인에게 일반적으로 요구되는 의사소통 능력 수준을 스스로 알아볼 수 있는 체크리스트이다. 본인의 평소 행동을 잘 생각해보고, 행동과 일치하는 것에 체크해보시오.

문항	그렇지 않은 편이다.	보통인 편이다.	그런 편이다.
1. 나는 의사소통 능력의 종류를 설명할 수 있다.	1	2	3
2. 나는 의사소통의 중요성을 설명할 수 있다.	1	2	3
3. 나는 의사소통의 저해요인에 대하여 설명할 수 있다.	1	2	3
4. 나는 효과적인 의사소통개발 방법을 설명할 수 있다.	1	2	3
5. 나는 문서이해의 개념 및 특성에 대하여 설명할 수 있다.	1	2	3
6. 나는 문서이해의 중요성에 대하여 설명할 수 있다.	1	2	3
7. 나는 문서이해의 구체적인 절차와 원리를 설명할 수 있다.	1	2	3
8. 나는 문서를 통한 정보 획득 및 종합 방법을 설명할 수 있다.	1	2	3
9. 나는 체계적인 문서작성의 개념 및 중요성을 설명할 수 있다.	1	2	3
10. 나는 목적과 상황에 맞는 문서의 종류와 유형을 설명할 수 있다.	1	2	3
11. 나는 문서작성의 구체적인 절차와 원리를 설명할 수 있다.	1	2	3
12. 나는 문서작성에서 효과적인 시각적 표현과 연출방법을 안다.	1	2	3
13. 나는 경청의 개념 및 중요성을 설명할 수 있다.	1	2	3
14. 나는 경청을 통해 상대방 의견의 핵심내용을 파악할 수 있다.	1	2	3
15. 나는 올바른 경청을 방해하는 요인들과 고쳐야할 습관을 알고 있다.	1	2	3
16. 나는 대상과 상황에 따른 경청법을 설명할 수 있다.	1	2	3
17. 나는 정확한 의사표현의 중요성을 설명할 수 있다.	1	2	3
18. 나는 원활한 의사표현의 방해요인을 알고, 관리할 수 있다.	1	2	3
19. 나는 논리적이고 설득력 있는 의사표현의 기본요소 및 특성을 안다.	1	2	3
20. 나는 기초외국어 능력의 개념 및 중요성과 필요성을 설명할 수 있다.	1	2	3
21. 나는 비언어적 기초외국어 의사표현에 대해 설명할 수 있다.	1	2	3
22. 나는 기초외국어 능력 향상을 위한 교육방법을 설명할 수 있다.	1	2	3

☑ **평가방법**

체크리스트의 문항별로 자신이 체크한 결과를 아래 표를 이용해 해당 개수를 적어봅시다.

문항	수준	개수	학습모듈	교재 (Chapter)
1~4번	그렇지 않은 편이다	( )개	A-1 의사소통 능력	Chapter 1,2,3
	보통인 편이다	( )개		
	그런 편이다	( )개		
5~8번	그렇지 않은 편이다	( )개	A-2-가 문서이해 능력	Chapter 4,5
	보통인 편이다	( )개		
	그런 편이다	( )개		
9~12번	그렇지 않은 편이다	( )개	A-2-나 문서작성 능력	Chapter 6,7
	보통인 편이다	( )개		
	그런 편이다	( )개		
13~16번	그렇지 않은 편이다	( )개	A-2-다 경청능력	Chapter 8,9
	보통인 편이다	( )개		
	그런 편이다	( )개		
17~19번	그렇지 않은 편이다	( )개	A-2-라 의사표현 능력	Chapter 10,11,12
	보통인 편이다	( )개		
	그런 편이다	( )개		
20~22번	그렇지 않은 편이다	( )개	A-2-마 기초외국어 능력	Chapter 13
	보통인 편이다	( )개		
	그런 편이다	( )개		

☑ **평가결과**

진단 방법에 따라 자신의 수준을 진단한 후, 한 문항이라도 '그렇지 않은 편이다'가 나오면 그 부분이 부족한 것이기 때문에, 제시된 학습내용과 교재의 Chapter를 참조해 해당하는 내용을 학습합니다.

Contents

Part 1
의사소통 능력

Chapter 01. 의사소통의 개념 및 유형

Part2
문서이해와 작성 능력

Chapter 03. 문서이해 능력의 개념과 작성방법

Part3

경청 능력

Chapter 06. 경청능력

Chapter 07. 질문과 피드백

Part4
의사표현 능력

Chapter 08. 의사표현의 개념과 중요성

Chapter 09. 상황에 따른 의사표현

Chapter 10. **회의**

Chapter 11. **설득력 있는 의사표현**

Chapter 12. 의사표현으로서의 프레젠테이션

Part5
기초외국어 능력

Chapter 13. 기초외국어 능력 향상

사후평가

☑ 체크리스트

직업기초능력으로서 의사소통 능력을 학습한 것을 토대로 다음 표를 이용해 자신의 수준에 해당되는 칸에 ○표 해보세요.

구분	문항	매우미흡	미흡	보통	우수	매우우수
A-1 의사소통 능력	1. 나는 의사소통의 중요성을 설명할 수 있다.	1	2	3	4	5
	2. 나는 의사소통의 능력과 종류를 구분하여 설명할 수 있다.	1	2	3	4	5
	3. 나는 의사소통을 적절히 하여야만 하는 이유를 설명할 수 있다.	1	2	3	4	5
	4. 나는 올바른 의사소통을 저해하는 요인에 대해 설명할 수 있다.	1	2	3	4	5
	5. 나는 올바른 의사소통을 저해하는 요인을 제거하는 방법에 대해 설명할 수 있다.	1	2	3	4	5
	6. 나는 효과적인 의사소통 능력을 개발하기 위한 방법을 설명할 수 있다.	1	2	3	4	5
A-2-가 문서이해 능력	1. 나는 문서가 무엇인지 설명할 수 있다.	1	2	3	4	5
	2. 나는 문서이해의 개념 및 특성에 대하여 설명할 수 있다.	1	2	3	4	5
	3. 나는 문서이해의 중요성에 대하여 설명할 수 있다.	1	2	3	4	5
	4. 나는 문서이해의 구체적인 절차와 원리를 설명할 수 있다.	1	2	3	4	5
	5. 나는 비판적 사고의 의미를 설명할 수 있다.	1	2	3	4	5
	6. 나는 다양한 문서의 종류를 구분하여 설명할 수 있다.	1	2	3	4	5
	7. 나는 다양한 문서에 따라 각기 다른 이해방법을 알고 있다.	1	2	3	4	5
	8. 나는 문서이해 능력을 키우기 위한 방법을 알고 설명할 수 있다.	1	2	3	4	5
A-2-나 문서작성 능력	1. 나는 직업생활에서 필요한 문서가 무엇인지 확인할 수 있다.	1	2	3	4	5
	2. 나는 문서를 작성해야하는 목적 및 상황을 파악할 수 있다.	1	2	3	4	5
	3. 나는 내가 주로 작성하는 문서가 어떻게 작성되어야 하는지 방법을 설명할 수 있다.	1	2	3	4	5
	4. 나는 문서의 종류에 따라 적절하게 문서를 작성할 수 있다.	1	2	3	4	5
	5. 나는 문서작성에서 시각적인 표현의 필요성을 설명할 수 있다.	1	2	3	4	5
	6. 나는 문서작성에서 시각적인 표현을 효과적으로 사용할 수 있다.	1	2	3	4	5

구분	문항	매우 미흡	미흡	보통	우수	매우 우수
A-2-다 경청 능력	1. 나는 경청의 개념을 설명할 수 있다.	1	2	3	4	5
	2. 나는 경청의 중요성을 설명할 수 있다.	1	2	3	4	5
	3. 나는 올바른 경청을 방해하는 요인들을 설명할 수 있다.	1	2	3	4	5
	4. 나는 효과적인 경청방법에 대해 설명할 수 있다.	1	2	3	4	5
	5. 나는 경청훈련을 통하여 올바른 경청방법을 실천할 수 있다.	1	2	3	4	5
A-2-라 의사표현 능력	1. 나는 의사표현의 개념을 설명할 수 있다.	1	2	3	4	5
	2. 나는 의사표현의 중요성을 설명할 수 있다.	1	2	3	4	5
	3. 나는 원활한 의사표현을 방해하는 요인들을 설명할 수 있다.	1	2	3	4	5
	4. 나는 효과적인 의사표현법에 대해 설명할 수 있다.	1	2	3	4	5
	5. 나는 설득력 있는 의사표현을 실천할 수 있다.	1	2	3	4	5
A-2-마 기초 외국어 능력	1. 나는 직업생활에서 필요한 기초외국어 능력이 무엇인지 설명할 수 있다.	1	2	3	4	5
	2. 나는 직업생활에서 기초외국어 능력이 왜 필요한지 설명할 수 있다.	1	2	3	4	5
	3. 나는 기초외국어 능력이 필요한 상황을 알 수 있다.	1	2	3	4	5
	4. 기초외국어 능력으로서 비언어적 의사소통법을 설명할 수 있다.	1	2	3	4	5
	5. 나는 기초외국어 능력을 향상시키는 방법을 설명할 수 있다	1	2	3	4	5

 사후평가

☑ 평가방법

체크리스트의 문항별로 자신이 체크한 결과를 아래 표를 이용해 해당하는 개수를 적어봅니다.

학습모듈	점수	총점	총점 / 문항 수	교재 (Chapter)
A-1 의사소통 능력	1점 × ( )개		총점 / 6 = ( )	Chapter 1,2,3
	2점 × ( )개			
	3점 × ( )개			
	4점 × ( )개			
	5점 × ( )개			
A-2-가 문서이해 능력	1점 × ( )개		총점 / 8 = ( )	Chapter 4,5
	2점 × ( )개			
	3점 × ( )개			
	4점 × ( )개			
	5점 × ( )개			
A-2-나 문서작성 능력	1점 × ( )개		총점 / 6 = ( )	Chapter 6,7
	2점 × ( )개			
	3점 × ( )개			
	4점 × ( )개			
	5점 × ( )개			

학습모듈	점수		총점	총점 / 문항 수	교재 (Chapter)
A-2-다 경청능력	1점 × ( )개			총점 / 5 = ( )	Chapter 8,9
	2점 × ( )개				
	3점 × ( )개				
	4점 × ( )개				
	5점 × ( )개				
A-2-라 의사표현 능력	1점 × ( )개			총점 / 5 = ( )	Chapter 10,11,12
	2점 × ( )개				
	3점 × ( )개				
	4점 × ( )개				
	5점 × ( )개				
A-2-라 기초외국어 능력	1점 × ( )개			총점 / 5 = ( )	Chapter 13
	2점 × ( )개				
	3점 × ( )개				
	4점 × ( )개				
	5점 × ( )개				

☑ 평가결과

평가 수준이 '부족'인 학습자는 해당 학습모듈의 교재 파트를 참조해서 다시 학습하도록 합니다.

모듈별 평균 점수
3점 이상 : 우 수
3점 미만 : 부 족

Part

의사소통 능력

Chapter

1

의사소통의 개념 및 유형

1. 의사소통의 개요
2. 의사소통의 중요성
3. 의사소통의 종류

Learning Objectives

1. 의사소통의 정의와 개념을 말할 수 있다.
2. 개인생활과 조직생활 안에서 의사소통의 중요성을 설명할 수 있다.
3. 의사소통의 유형에 대해 언어와 비언어, 의사소통으로 구분해 각각을 설명할 수 있다.

이야기속으로

'침묵이 금이다'라는 말이 있다. 이는 말을 신중히 하라는 것으로, 의사소통의 중요성에 대한 의미이지 결코 말을 하지 말라는 것은 아니다.

특히 현대사회에서 살펴보면, 말을 줄이고 무게감을 주는 과거 아버지들의 인간상과는 달리 '스피치의 시대'라고 불리울 정도로 커뮤니케이션의 중요성이 강조되고 있다. 즉, 자신의 의견을 명확히 피력하고 의사소통을 잘해야 인간관계를 잘 맺을 수 있고, 곧 성공으로 연결된다는 것이다.

그런데 언젠가부터 스마트폰이 보급되면서 학교에도 많은 변화가 생겼다. 긍정적인 변화로 신입생과 재학생의 커뮤니케이션 창의 역할을 해주고, 빠른 의사소통이 가능하게 되었으며, 수업시간에 스마트폰을 통해 쉽게 정보를 습득할 수 있게 해 주었다. 그러나 수업시간에 떠드는 학생이 문제가 아니라 수업시간에 핸드폰을 만지는 학생이 더 문제가 되었으며, 오프라인으로 해야 하는 일들을 온라인으로 처리하게 되면서 학생들 간의 의사소통이 부족한 현상도 생기게 되었다.

핸드폰은 엄밀히 말해서 사람과 사람을 이어주는 매개체의 역할을 하는 기기이다. 즉, 의사소통을 원활하게 하기 위한 수단이라는 말이다. 그러나 오히려 이러한 핸드폰이 대화의 단절 현상을 강화시키는 기제로 작용하고 있다는 점이 안타깝다.

인공지능(Artificial Intelligence) 컴퓨터를 개발하고 전 세계인이 의사소통할 수 있는 기기들을 활용하는 현대사회이지만, 이 엄청난 과학기술과 정보통신기술의 발달은 오히려 사람들 간의 의사소통을 줄이고 있다는 생각에 디지털 세상에서 가끔은 아날로그 세상이 그립기까지 하다.

스피드 시대라고는 하지만 인간과 인간을 이어주는 관계에 있어서 직접적인 접촉과 함께 이루어지는 의사소통은 매우 중요하다. 1장에서는 이토록 중요한 의사소통에 대해 학습한다, 의사소통의 개념과 유형, 중요성을 알아보고 그동안 자신의 의사소통 방식을 돌아보는 시간이 될 것이다.

[출처] 의사소통 컬럼 – 충북일보 오피니언 기고. 충북도립대 자치행정학과 교수 조주연. 수정 발췌

1 다음은 무엇에 대한 설명인가?

두 사람 이상의 사람들 사이에서 언어, 비언어 등의 소통 수단을 통하여 자신들이 가지고 있는 생각, 감정, 사실, 정보, 의견을 전달하고 피드백을 받으면서 상호 작용하는 과정이다.

① 토론 　　　　　　　　　　② 의사소통

③ 설득 　　　　　　　　　　④ 발표

2 다음 중 의사소통의 4가지에 해당하지 않는 것은?

① 말하기 　　　　　　　　　② 듣기

③ 읽기 　　　　　　　　　　④ 생각하기

3 다음 중 언어 커뮤니케이션(verbal communication)의 두 가지에 해당하는 것이 바르게 묶인 것은?

① 구두 커뮤니케이션(oral communication),
　　매스 커뮤니케이션(mass communication)

② 문서 커뮤니케이션(written communication),
　　대인 커뮤니케이션(interpersonal communication)

③ 구두 커뮤니케이션(oral communication),
　　문서 커뮤니케이션(written communication)

④ 매스 커뮤니케이션(mass communication),
　　대인 커뮤니케이션(interpersonal communication)

1. 의사소통의 개요

(1) 의사소통의 개념

우리의 일상생활에서 언어가 사라진다면 어떻게 될까? 우리는 언어를 통해 서로 의사소통을 하고 이를 통해 관계를 유지해 나간다. 이를 통해 자신의 생각과 느낌을 표현하고 감정의 교류를 나눈다. 또한 업무적인 상황에서의 정보전달과 교환을 통해 보다 건설적인 미래 상황을 만들어 나간다. 큰 틀에서의 의사소통 능력은 직장생활에서 문서를 읽거나 상대방의 말을 듣고 이해하는 능력을 말한다.

의사소통으로 번역되는 Communication의 뜻은 공통, 공유의 뜻을 가진 라틴어 'communis'에서 나온 말이다. 의사소통은 두 사람 이상의 사람들 사이에서 언어, 비언어 등의 소통 수단을 통하여 자신들이 가지고 있는 생각, 감정, 사실, 정보, 의견을 전달하고 피드백을 받으면서 상호 작용하는 과정이다.

 지구에는 몇 개의 언어가 있을까?

현재 전 세계적으로 6,900개의 언어가 사용되고 있고 그 중에서 평균 14일에 한 개의 언어가 사라진다. 얼핏 보면 다양해 보이는 각 나라의 언어 중에도 서로 닮은꼴을 볼 수 있는데, 영어의 조상은 인도·유럽 어족의 게르만(German)어이다. 이 게르만어에게는 아들, 딸에 해당하는 네덜란드어, 덴마크어, 스웨덴어 등이 있다. 또, 역사적으로 영어는 프랑스어의 영향을 받기도 했으며, 이들 언어들은 발음은 서로 다르지만, 철자는 비슷한 경우가 많이 있는 것을 볼 수 있다.

출처 [네이버 지식백과] 의사소통이란? [Communication] – 오고 가는 뜻과 생각

① 의사소통 과정 모델의 이해

　㉠ 의사소통은 하나의 과정(Process)이다.

　㉡ 의사소통이란 메시지를 주고 받는 과정이며 순환적인 것이다.

　㉢ 의사소통 과정은 송신자, 수신자, 피드백 메시지라는 네 가지 요소의 상호작용이다. (성격, 가치관, 문화, 경험, 스타일, 기술, 상황 등이 중간에서 영향을 미친다.)

② Berlo의 SMCR 모형

[그림 1-1] Berlo의 SMCR 모형

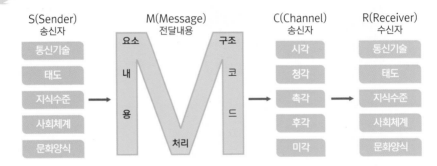

　㉠ 송신자(S)

　생각, 감정, 정보 등의 메시지를 전달하는 사람

　㉡ 메시지(M)

　의사소통 과정에서 언어적 혹은 비언어적 형태를 띠는 주제로, 송신자가 보내는 전달내용은 내용, 요소, 처리, 구조, 코드 등으로 이루어지게 된다.

　㉢ 통신수단(C)

　전달내용이 전달되기 위한 통신수단에는 시각, 청각, 촉각, 후각, 미각이라는 인간의 다섯 가지 감각이 있다.

　㉣ 수신자(R)

　송신자가 전달하는 메시지를 듣고 받아들이는 사람

Level up Mission Step 1

의사소통의 방법에는 어떤 것이 있을까? 생각나는 대로 적어보고 각각의 방식이 가지는 장단점을 논의해보자.

-----

③ 의사소통의 원칙

ㄱ 명료성(clarity)

ㄴ 일관성(consistency)

ㄷ 적시성(timeliness)

ㄹ 정량성(adequacy)

ㅁ 배포성(distribution)

ㅂ 적응성과 통일성(adaptability & uniformity)

ㅅ 관심과 수용(interest & acceptance)

(2) NCS 의사소통 능력의 정의와 구성

① 의사소통 능력의 개념(NCS [국가직무능력 표준] 정의)

직장생활에서 문서를 읽거나 상대방의 말을 듣고 의미를 파악하며, 자신의 의사를 정확하게 표현하고, 간단한 외국어 자료를 읽거나 외국인의 간단한 의사표시를 이해하는 능력이다.

② NCS[국가직무능력 표준] 내 직업기초능력으로서의 의사소통 능력

📢 [표 1-1] NCS[국가직무능력 표준] 내 직업기초능력으로서의 의사소통 능력

하위능력	하위능력 개념
문서이해 능력	직장생활에서 필요한 문서를 확인하고, 문서를 읽고, 내용을 이해하고, 요점을 파악할 수 있는 능력
문서작성 능력	목적과 상황에 적합한 아이디어와 정보를 전달하는 문서를 작성할 수 있는 능력
경청능력	다른 사람의 말을 주의 깊게 들으며 공감할 수 있는 능력
의사표현 능력	목적과 상황에 맞는 말과 비언어적 행동을 통해서 아이디어와 정보를 효과적으로 전달할 수 있는 능력
기초외국어 능력	외국어로 된 간단한 자료를 이해하거나 간단한 외국인의 의사표현을 이해할 수 있는 능력

(3) 문서적인 의사소통 능력으로서 문서이해 능력과 문서작성 능력

직업인으로서 업무에 관련된 문서를 통해 구체적인 정보를 획득하고, 수집하며, 종합하기 위한 능력을 말한다. 이를 바탕으로 상황과 목적에 적합한 문서를 시각적이고 효과적으로 작성하기 위해 노력해야 한다. 문서적인 의사소통은 언어적인 의사소통에 비해 권위감이 있고, 정확하며, 전달성이 높고 보존성도 크다. 문서적 의사소통은 언어적 의사소통의 한계를 극복하기 위해 문자를 수단으로 하는 방법이다.

(4) 언어적인 의사소통 능력으로서 경청능력과 의사표현력

언어를 통한 의사소통 방법은 가장 오래된 방법이다. 상대방의 이야기를 듣고, 의미를 파악하며, 이에 적절히 반응하고, 이에 대한 자신의 의사를 목적과 상황에 맞게 설득력을 가지고 표현하기 위한 능력으로 꼭 필요하다. 언어적인 의사소통은 문서적인 의사소통에 비해 정확을 기하기 힘든 경우가 있기는 하지만 대화를 통해 상대의 반응이나 감정을 즉각적으로 살필 수 있고, 상황에 맞게 적절하게 대응할 수 있는 유동성을 가지고 있다.

Level up Mission Step 1

자신이 생각하는 의사소통이란 무엇인지 적어보자.

_____

_____

_____

_____

2. 의사소통의 중요성

(1) 의사소통의 4가지 기능

[표 1-2] 언어적 의사소통과 비언어적 의사소통

하위능력	하위능력 개념
말하기	현상과 사실에 대한 자신의 생각과 감정, 느낌과 의견을 표현
듣기	상대방의 생각과 감정, 느낌과 의견을 경청하고 공감하고 이해
읽기	다양한 관점에서 독서활동을 통해 지식과 인식을 넓힘
쓰기	사실과 현상에 대한 자신의 생각과 의견, 느낌을 표현

(2) 직장생활에서 의사소통의 핵심 기능과 역할

효과적이고 원활한 의사소통은 조직과 팀의 핵심요소이다. 직업생활에서의 의사소통은 조직과 팀의 효율성과 효과성을 성취할 목적으로 이루어지는 구성원 간의 정보와 지식의 전달 과정이다. 또한 여러 사람의 노력으로 공통의 목표를 추구해 나가는 집단 내의 기본적 존재기반이며, 성과를 결정하는 핵심 기능이다. 자신의 생각과 느낌을 효과적으

로 표현하는 것과 타인의 생각과 느낌, 사고를 이해하기 위한 노력은 개인은 물론이고 조직이나 팀의 성과를 위한 핵심 요소이다.

(3) 조직내 의사소통의 중요성

직장생활에서의 의사소통은 내가 상대방에게 메시지를 전달하는 과정 그 자체가 아니라 상대방과의 상호작용을 통해 메시지를 다루는 과정을 말한다. 따라서 성공적인 의사소통을 위해서는 내가 가진 정보를 상대방이 이해하기 쉽게 표현하는 것이 무엇보다 중요하다. 또한 상대방이 어떻게 받아들일 것인가에 대한 고려가 밑바탕이 되어야 한다.

🔍 사 례

꿈나라 어린이집의 김원장님. 평소 너그럽고 인자한 성품이라 원생들은 물론이고 선생님들에게도 인기가 좋다. 그런데 요즘 끊임없이 쏟아져 나오는 어린이집 내 아동학대 이슈로 잔뜩 예민해져 있다. 자꾸 걸려오는 학부모의 문의 전화와 CCTV 설치를 늘려달라는 요구에 스트레스를 받고 있는 상황.

그러던 와중에 3일 뒤에 예정된 재롱잔치 준비도 잘 되고 있지 않자 그 불똥이 원내 선생님들에게로 튀었다. 아침 회의 시간에 선생님들을 모아놓고 언성을 높여 나무랐다. 분위기는 순식간에 무거워졌다. 모두가 눈치보며 일과를 시작한 아침.

퇴근 무렵 원장님은 손수 작성한 손 편지를 선생님 한 명 한 명에게 나누어 주며 따뜻이 안아주었다. 그 안에는 평소의 고마운 마음과 각 선생님의 장점을 칭찬하는 내용이 담겨 있었다. 그뿐이 아니라 돌아가는 길에 원장님에게 온 문자에는 "오늘 하루 여러분에게 언성을 높이고 종일 마음이 무거웠습니다. 모두가 잘해보자는 것은 한 마음일텐데 제가 아침에 좀 예민해서 필요 이상으로 분위기를 어둡게 만들었네요. 우리 내일은 모든 것을 잊고 새롭게 웃는 얼굴로 마주합시다."라고 쓰여 있었다.

상사가 자신의 실수를 인정하고 인간적인 매력을 어필했을 때 직원들은 그 진심을 이해하고 상사의 입장을 이해하게 된다. 이런 과정을 통해서 진정한 충성심이 나오는 것이다.

의사소통은 각기 다른 사람들이 서로에 대한 지각의 차이를 좁혀 주며, 선입견을 줄이거나 제거해 주는 수단이 되기 때문에 역지사지의 자세로 상대를 이해하고자 하는 자세가 중요하다.

- 의사소통은 두 사람 또는 두 기관 사이에 공통 이해를 조성하여 공동 목표를 향한 상호 협조를 가능하게 해준다.
- 의사소통은 조직에서 행하는 많은 의사결정(decision-making)에 있어서 그것의 전제적 조건이 된다.
- 의사소통은 조직 내 구성원의 심리적 욕구를 충족시켜 주는 데 큰 역할을 한다.
- 의사소통은 조직 차원에서 효과적인 장래의 대비를 가능하게 해준다.

 Level up Mission Step 1

위 사례에서 원장님은 선생님들의 마음을 풀어주기 위해 다양한 방법으로 의사소통을 시도했다. 어떤 부분이 특히 인상적인지, 자신이라면 어떤 방법을 썼을지 옆 사람과 이야기 해보자.

조직 생활에서 의사소통을 하면서 어려웠던 점은 무엇인가?

----

3. 의사소통의 종류

의사소통의 종류는 크게 언어적 의사소통과 비언어적 의사소통으로 구분된다. 이 둘의 구성요인은 다음과 같다.

하위능력	하위차원
언어적 의사소통	음성요인(발음, 음색)
	유사언어(속도, 크기, 억양, 쉼, 강조)
비언어적 의사소통	몸짓언어(표정, 제스처, 눈맞춤, 자세)

(1) 언어적 의사소통(verbal communication)

  [표 1-3] 구두와 문서 커뮤니케이션의 구분

구분	구두	문서
의사소통 대상	제한적	대량
정확성	왜곡의 가능성이 큼	높음
피드백	즉각적	어려움
보존성	낮음(왜곡 가능성 큼)	높음
표현의 자유	높음	낮음

위에서 보는 바와 같이 언어 커뮤니케이션(verbal communication)은 말로 하는 구두 커뮤니케이션(oral communication)과 글에 의한 문서 커뮤니케이션(written communication)으로 분류된다.

구두 커뮤니케이션은 가장 기본이 되는 커뮤니케이션으로 정보와 의사전달에 있어서 가장 빈번히 사용되는 방법이다. 여기에는 직접 대면, 영상 및 전화에 의한 방법이 있다. 수신인에게 감정을 표현하고, 수신인을 설득하기 위해서는 문서 커뮤니케이션보다는 일

대일 대면을 통한 구두 커뮤니케이션이 바람직하다. 또한 일대일 대면에서 발신자는 수신인으로부터 바로 피드백을 받을 수 있고, 그에 따른 메시지를 조절할 수 있다. 대부분의 커뮤니케이션이 구두 커뮤니케이션이지만, 전달 내용이 중요하거나 기록으로 남겨 두어야 하는 경우에는 문서 커뮤니케이션이 더 효과적이다. 문서 커뮤니케이션에는 서신, 이메일, 보고서, 안내서, 협조문, 공람, 회람 등이 포함된다.

[표 1-4] 구두와 문서 커뮤니케이션의 장단점

구분	구두	문서
구두	오해나 착오가 적음	기록이 남지 않음
	비언어 커뮤니케이션과 결합해 소통 향상	시간낭비이거나 불편
	다수의 합의를 유도하는 데 효과적	대화를 비즈니스에 한정하기 어려움
	자연스러운 커뮤니케이션	타인의 업무방해
	영구적 기록 가능	공식적 기록으로 많은 준비 필요
문서	정교한 메시지 전달 가능	글쓰기 능력 필요
	상호 간의 일정에 관계없이 작성, 검토 가능	

(2) 비언어적 의사소통(non-verbal communication)

언어적 의사소통의 효과를 높이고, 언어적 의사소통으로만 표현하기 어려운 복잡하고 미묘한 감정이나 태도의 전달에 효과적이다. 의사소통 중에 전달자를 조심스럽게 관찰하는 것은 생각과 의미와 감정을 주고받는 데에 큰 도움이 된다.

[표 1-5] 비언어적 커뮤니케이션의 분류

구분	구두
신체언어 (Body Language)	제스처, 몸과 다리의 움직임, 자세, 응시, 걸음걸이 등 가시적인 몸의 움직임
의사언어 (Vocalics 또는 Paralanguage)	피치, 크기, 템포, 휴지, 그리고 모음동화 등 낱말 외의 음색 사용
용모 (Physical Apperance)	옷, 헤어스타일, 화장, 향수, 기타 장식 등 꾸민 특성
접촉 (Haptics)	빈도, 강도, 그리고 터치 방법 등 모든 접촉행위
공간언어 (Proxemics)	개인적 거리, 공간의 활용, 지역성을 포함
시간언어 (Chronemics)	시간 지키기, 대기시간, 약속시간, 시간 소모량 등 메시지 체계로서 시간의 이용
인공적 장식과 환경 (Artifacts)	꾸밀 수 있는 오브제와 디자이너나 이용자가 꾸미는 환경적 특성

① 매러비언의 법칙

 [그림 1-2] '메라비언의 법칙(The Law of Mehrabian)'

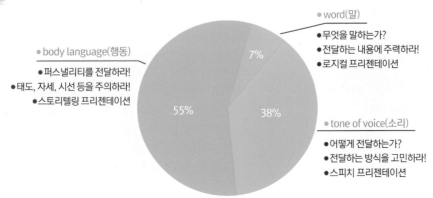

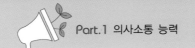

앞의 [그림 1-2]는 비언어적 의사소통의 영향에 대한 연구결과로 유명한 이론이다. 이 법칙은 미국 캘리포니아대학 UCLA의 심리학과 명예교수인 앨버트 메라비언(Albert Mehrabian)이 1971년 출간한 저서 「Silent Messages」에 포함된 커뮤니케이션 이론으로, 한 사람이 상대방으로부터 받는 이미지는 시각(몸짓) 55%, 청각(음색, 목소리, 억양) 38%, 언어(내용) 7%라는 이론이다. 그는 대화하는 사람들을 관찰, 상대방에 대한 호감을 느끼는 순간을 포착하여 누군가와 첫 대면을 했을 때 그 사람에 대한 인상을 결정짓는 요소(메시지의 전달요소)를 분석했는데, 연구결과에 따르면, 결정적 요인은 상대방의 말의 내용이 아니라 이미지였다. 서로 상대방의 인상이나 호감을 결정하는데 목소리는 38%, 보디랭귀지가 55%(표정이 35%, 태도가 20%)의 영향을 미쳤으며, 특히 전화로 상담할 때에는 목소리의 중요성이 82%로 올라갔다. '말하는 내용' 그 자체는 겨우 7%의 효과만 있었다고 한다. 즉, 효과적인 의사소통에 있어서 말투나 표정, 눈빛과 제스처 같은 비언어적 요소가 차지하는 비율이 무려 93%의 높은 영향력을 가지고 있다는 것이다. 이게 바로 "행동의 소리가 말의 소리보다 크다."는 명언을 탄생시킨 이론으로서, 그 후 '메라비언의 법칙(The Law of Mehrabian)'으로 불리게 되었다.

② 올바른 비언어적 의사소통 방법 3가지

첫째, 시선 맞춤을 적절하게 유지한다. 눈은 마음의 창이라는 말이 있다. 눈을 맞추지 않고 다른 곳을 쳐다보면서 대화할 때 상대방이 화자를 신뢰하기는 어려울 것이다.

🔍 사 례

몸짓 언어를 가장 잘 구사한 정치인은 미국의 로널드 레이건 대통령이다. 레이건은 워싱턴과 링컨에 이어 '가장 훌륭한 대통령' 랭킹 3위에 오를 정도로 대중적인 인기가 높았다. 그를 뛰어난 정치가로 만든 인기 비결은 정치적 업적이 아니었다. 영국 옥스퍼드대 피터 콜릿 교수는 이를 특유의 미소와 목소리라고 분석했다. 즉, 레이건의 정책 실패나 무지 등 부정적 요소들이 그의 탁월한 몸짓 언어에 의해 가려졌다는 것이다. 그렇다면 말의 내용은 어떻더라도 상관없다는 말일까? 그렇지는 않다. 목소리와 보디랭귀지, 얼굴 표정이 말의 내용과 조화를 이룰 때 설득력을 갖게 마련이다.

둘째, 상황에 맞으며 상대에게 호감을 주는 적절한 자세를 취한다. 예를 들어, 팔짱을 끼고 몸을 뒤로 젖힌 자세는 매우 거만해 보인다. 또한 지나치게 경직된 자세도 말하는 사람으로 하여금 부담을 느끼게 만든다. 몸을 상대에게 향하고 약간 앞으로 숙인 자세, 그러면서 몸의 힘을 약간 뺀 자세가 적절하다. 자연스럽게 눈높이를 맞추려는 노력이 중요하고, 의자에 앉아서 대화할 것을 제안하는 것도 상대방에 대한 훌륭한 배려다.

셋째, 얼굴 표정을 잘 활용한다. 얼굴의 표정이야말로 인간의 감정을 가장 직접적이면서도 다양하게 표현할 수 있는 수단이다. 웃는 얼굴 또는 긍정적 얼굴 표정이 기본이 되는 것이 가장 좋다. 즉, 긍정적인 표정을 최대한 늘리고, 부정적인 표정을 최소로 줄인다.

(3) 의사소통의 유형

① 공식적 의사소통과 비공식적 의사소통

㉠ 공식적 의사소통(formal communication)

- 공식적 통로와 수단에 의하여 의사가 전달되며 소통되는 것
- '누가', '누구에게', '무엇을', '어떻게', 전달할 것인가를 공식적으로 법제화하고 이에 근거하여 의사를 전달

장점	전달자와 피전달자 간에 권한과 책임관계가 명확하고 의사소통이 확실하고 편리
단점	융통성이 없고 소통이 느림. 조직 내 모든 사정을 사전에 예견하여 합리적 의사소통의 수단을 완전히 이룩하는 것은 불가능(비공식적 의사소통의 보완 필요)

㉡ 비공식적 의사소통(informal communication)

- 조직의 자생집단내에서 비공식적 방법으로 이루어지는 의사소통

장점	구성원들의 감정을 잘 나타내는 수단, 사회심리적인 만족감과 조직에의 적응력을 높여줌.
단점	통제를 하기 어렵고 공식적인 권위관계를 파괴하고 조정을 더 곤란하게 하는 경향

② 수직적 의사소통과 수평적 의사소통

㉠ **수직적 의사소통**(vertical communication)

- 상의하달적 의사소통

명령	지시, 훈령, 발령, 규정, 규칙, 요강, 고시, 회람 등이 포함. 전달방법에 따라 구두명령과 문서명령 으로 나뉨.
일반정보	조직 또는 조직의 업무에 관한 지식을 구성원들에게 알려주기 위한 편람(manual), 핸드북(handbook), 뉴스레터(newsletter), 구내방송, 강연 등

- 하의상달적 의사소통 : 보고, 면접, 의견조사, 제안제도 등

보고	가장 공식적인 것이며, 조직책임자는 보고에 의해서 필요한 의사결정이나 명령을 내릴 수 있다.
면접	구성원들이 품고 있는 감정을 파악하여 행정에 반영하려는 방법이지만 비용, 시간이 많이 들고 익명성의 보장이 어렵다.
의견조사	질문서 등을 구성원에게 배포·수집하여 성원들의 사기 측정이나 태도 조사 등에 유용하게 사용
제안제도 (품의제도)	구성원들의 업무개선에 관한 의견이나 아이디어를 접수하여 유익한 것은 채택하여 실시하고 이를 보상하는 제도

㉡ **수평적 의사소통**(horizontal communication)

- 동일계층의 사람들 또는 상하관계에 있지 않는 사람들 사이에 이루어지는 의사소통
- 사전심사제도(어떤 결정을 내리기 전에 전문가들의 의견을 구하거나 조직의 목표와 합치성 등을 검증), 각서(사전 사후에 관계없이 이용), 회람 또는 통지(사후에 통지 또는 주지시키는 것을 목적), 회의 또는 위원회 제도 등

① 다음은 의사소통에 대한 설명이다. 각각 (A), (B)에 들어갈 적절한 말을 고르시오.

> 의사소통이란 두 사람 또는 그 이상의 사이에서 일어나는 (　)과 (　)가 이루어진다는 뜻이며, 개인이나 집단 상호 간에 정보, 감정, 사상, 의견 등을 전달하고 이를 받아들이는 과정이라고 볼 수 있다.

① A : 의사의 전달, B: 상호교류　　　　② A : 설득, B : 상호교류

③ A : 의사의 전달, B:니즈　　　　　　④ A : 생각, B : 니즈

② 다음 중 의사소통 과정 모델에 대한 설명이 아닌 것은?

① 의사소통은 하나의 과정(Process)이다.
② 의사소통이란 메시지를 주고받는 과정이며 순환적인 것이다.
③ 의사소통 과정은 송신자, 수신자, 피드백 메시지라는 네 가지 요소의 상호작용이다.
④ 의사소통은 개연성이 없이 즉각적으로 이루어지므로 정돈된 체계로 볼 수 없다.

③ 다음 중 조직 내 의사소통의 중요성에 해당하지 않는 것은?

① 의사소통은 두 사람 또는 두 기관 사이에 공통 이해를 조성하여 공동 목표를 향한 상호 협조를 가능하게 해준다.
② 의사소통 자체만으로는 조직 차원에서 효과적인 장래에 대비하기는 어렵다.
③ 의사소통은 조직 내 구성원의 심리적 욕구를 충족시켜 주는 데 큰 역할을 한다.
④ 의사소통은 조직에서 행하는 많은 의사결정(decision-making)에 있어서 그것의 전제적 조건이 된다.

④ Berlo의 SMCR 모형의 4가지 구성요인을 적으시오.

5 아래의 (1)과 (2)에 들어갈 알맞은 커뮤니케이션의 형태를 적으시오.

구분	장점	단점
(1)	오해나 착오가 적음	기록이 남지 않음
	비언어 커뮤니케이션과 결합해 소통 향상	시간낭비이거나 불편
	다수의 합의를 유도하는 데 효과적	대화를 비즈니스에 한정하기 어려움
	자연스러운 커뮤니케이션	타인의 업무방해
(2)	영구적 기록 가능	공식적 기록으로 많은 준비 필요
	정교한 메시지 전달 가능	글쓰기 능력 필요
	상호 간의 일정에 관계없이 작성, 검토 가능	

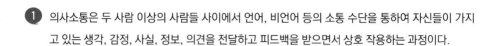

학습내용 요약 Review (오늘의 Key Point)

1 의사소통은 두 사람 이상의 사람들 사이에서 언어, 비언어 등의 소통 수단을 통하여 자신들이 가지고 있는 생각, 감정, 사실, 정보, 의견을 전달하고 피드백을 받으면서 상호 작용하는 과정이다.

2 NCS[국가직무능력 표준] 내 직업기초능력으로서의 의사소통 능력은 문서이해 능력, 문서작성 능력, 경청능력, 의사표현 능력, 기초외국어 능력으로 구성된다.

3 의사소통의 4가지 기능 설명

구분	기능
말하기	현상과 사실에 대한 자신의 생각과 감정, 느낌과 의견을 표현
듣기	상대방의 생각과 감정, 느낌과 의견을 경청하고 공감하고 이해
읽기	다양한 관점에서 독서활동을 통해 지식과 인식을 넓힘
쓰기	사실과 현상에 대한 자신의 생각과 의견, 느낌을 표현

4 언어적 의사소통과 비언어적 의사소통의 구분

구성요인	하위차원
언어적 의사소통	음성요인(발음, 음색)
	유사언어(속도, 크기, 억양, 쉼, 강조)
비언어적 의사소통	몸짓언어(표정, 제스춰, 눈 맞춤, 자세)

5 의사소통의 유형은 크게 공식적 의사소통과 비공식적 의사소통, 수직적 의사소통과 수평적 의사소통으로 구분된다.

Chapter

2

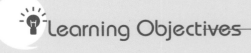

Learning Objectives

1. 의사소통의 저해요인을 설명할 수 있다.
2. 의사소통의 저해요인을 제거할 수 있다.
3. 의사소통 능력 개발을 위한 방법을 설명할 수 있다.

"도대체 뭐가 문제입니까?"

전국 8곳에 네트워크 지사를 두고 있는 독보적인 척추 전문병원인 "난다 병원"에 새로운 원장이 취임했다. 뛰어난 실력과 탁월한 마케팅 능력으로 모든 직원의 기대를 모으고 있는 상황. 원장이 바뀐 뒤로 조직은 대대적인 개편에 들어갔다.

고객 편의시설을 확충하고 직원들의 동호회 활동 지원, 사내 정기적인 미팅 시스템 구축, ERP 시스템 개편 등으로 병원에는 숨쉴 틈 없이 개혁이 몰아쳤다.

그런데 의욕을 갖고 시작했어도 단기간에 너무 많은 것들이 변하다 보니 직원들이 불편함을 느끼기 시작했다. 일 예로 적응기간 없이 그동안 익숙했던 업무 시스템이 갑작스럽게 변하자 일부 직원들은 어색함을 느끼고 오히려 업무 능률이 떨어지는 모습도 보였다.

그리고 직원의 친목을 독려하기 위해 만든 동호회 시스템도 1인 1 동호회 필수 가입이라는 조건은 직원들에게 부담이 되었다. 집이 먼 직원, 자녀가 있어서 퇴근 후 아이를 돌봐야 하는 직원, 부모님을 모셔야 하는 직원 등의 개인적 상황을 고려하지 않고 막연히 네크워킹을 만들어주겠다는 의도에서 시작된 모임 결성은 대다수의 직원들에게 부담이 되었다.

원장이 바뀐 뒤로 많은 예산을 투입해 직원과 고객의 편의와 만족을 위해 시설을 확충하고, 제도를 보완했지만, 어쩐지 직원들의 사기는 예전보다 더 떨어진 듯한 분위기이다.

보다 못한 원장은 직원들의 의견을 직접 듣고 싶어서 병원 내에 건의함을 곳곳에 설치했다. 그런데 1주일이 지나도 접수된 의견은 하나도 없었다. 뭐가 문제일까?

사실 건의함 앞에 마련된 메모용지에는 직원의 이름, 연락처 등을 적는 개인정보란이 있었다. 원장은 누가 의견을 냈는지 궁금해서 메모용지에 정보란을 넣으라 지시했는데, 직원들은 마음속에 불편함이 있어도 신분이 노출된 상태에서 의견을 제시하면 혹시라도 불이익이 있을까봐 모두 눈치만 보고 있었던 것이다.

위의 사례를 보게 되면 의도는 좋았으나 결과가 좋지 않았던 난다 병원의 개혁 상황을 엿볼 수 있다. 도대체 뭐가 문제였던 것일까?

2장에서는 의사소통의 장애요인과 이를 극복할 수 있는 극복 방안에 대한 이야기를 나누어 본다. 서로가 윈윈할 수 있는 보다 효과적인 의사소통을 위해 한 발 앞으로 나아가 보자.

1 다음 중 의사소통의 세 가지 저해요인 분류에 해당하지 않는 것은?

① 인간적 요인   ② 조직구조적 요인
③ 사회문화적 요인   ④ 심리적 요인

2 다음 중 물리적 잡음 중 [정보 격차]에 대한 설명으로 올바른 것은?

① 새로운 정보기술에 쉽게 접근할 수 있는 능력을 가진 사람과 그렇지 못한 사람 사이에 경제적·
   사회적 격차가 심화되는 현상
② 화자의 능력이나 지식이 부족하거나, 혹은 매체의 불완전성 때문에 메시지 전달과정에서 정보
   가 누락되거나 생략되는 경우
③ 의사소통의 생명은 적시성(timing)이다. 정보가 아무리 중요해도 수신자가 필요로 하는 상황에
   전달되어야 진정한 의미가 있다.
④ 외부의 공사, 음악소리, 대화나 소음, 온도나 조명상태 등 주변 환경이 열악할 경우에도 의사
   소통은 어려워진다. 서로 집중할 수 있는 조용하고 편안한 분위기에서 대화가 이루어지는 것
   이 좋다.

3 다음 중 의사소통 개발을 위한 발신자의 효과적인 메시지 전달방법에 해당하지 않는 것은?

① 사전에 전달할 내용 명확화
② 수신자가 이해할 수 있는 전달 매체 선택
③ 선입견 및 섣부른 판단 금지
④ 적당한 피드백 및 전달 확인

1. 의사소통의 저해요인

(1) 의사소통의 결정요인

① 인간적 요인 : 조직 내의 구성원들의 지식, 판단기준, 경험, 가치관, 선입견 등

② 조직구조적 요인 : 해당 조직의 규모, 성격, 전문화, 인간관계 구조 등

③ 사회문화적 요인 : 그 조직을 둘러싸고 있는 사회·문화적 요인의 영향(예를 들어 다언어를 사용하는 다민족 국가, 전문용어, 은어의 사용 등)

(2) 의사소통의 저해요인

① 인간적 요인

    ㉠ 인간의 판단기준 : 인간이 가지고 있는 지식, 경험, 가치관, 선입견 등 나의 의견이 100% 맞는다는 보장은 없음.

    ㉡ 인간 능력의 한계 : 간소화된 의사전달을 통해 의사가 왜곡 전달될 가능성

    ㉢ 의식적인 제한 : 경쟁관계나 적의를 품고 있을 때는 곡해할 소지가 있음.

② 조직구조적 요인

    ㉠ 해당 조직의 생리 : 조직의 성격, 규모, 인간관계 구조 등

    ㉡ 조직 내의 분화 : 엄격한 위계질서에 따른 신분상의 간격, 전문화에 의한 분야상의 간격, 장소분산에 의한 공간적 간격 등

    ㉢ 조직의 업무 : 과다한 업무량, 혹은 비밀유지를 특히 필요로 하는 업무 등인 경우

③ 사회문화적 요인

    ㉠ 언어 : 다언어를 사용하는 다민족 국가의 경우, 은어라든가 전문용어, 방언 등

        (예) 제주도, 전라도 등의 사투리)

    ㉡ 환경, 정세 : 물가, 안보 등 상황의 변동

    ㉢ 사회분화도 : 사회분화도가 진화되어 그 전문화의 도가 깊어진 사회일수록 의사소통이 어려워짐.

(3) 잡음에 따른 장애요인

① 잡음(noise)의 의미

　　㉠ 의사소통을 저해하는 요인을 의미

　　㉡ 원활한 의사소통을 방해하는 요인으로, 이를 제거하지 않으면 효과적인 소통은
　　　어려워짐

[그림 2-1] 의사소통의 저해요인

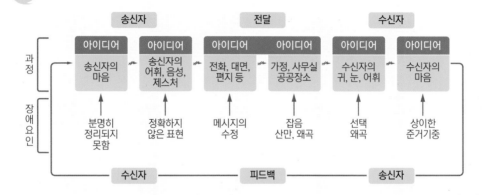

② 잡음의 종류

📢 물리적 잡음의 종류

종류	의미
정보 격차	새로운 정보기술에 쉽게 접근할 수 있는 능력을 가진 사람과 그렇지 못한 사람 사이에 경제적·사회적 격차가 심화되는 현상
생략·누락	화자의 능력이나 지식이 부족하거나, 혹은 매체의 불완전성 때문에 메시지 전달 과정에서 정보가 누락되거나 생략되는 경우
타이밍	의사소통의 생명은 적시성(timing)이다. 정보가 아무리 중요해도 수신자가 필요로 하는 상황에 전달되어야 진정한 의미가 있다.
환경·분위기	외부의 공사, 음악소리, 대화나 소음, 온도나 조명상태 등 주변 환경이 열악할 경우에도 의사소통은 어려워진다. 서로 집중할 수 있는 조용하고 편안한 분위기에서 대화가 이루어지는 것이 좋다.

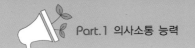
 인지 · 심리적 잡음의 종류

종류	의미
왜곡	개인의 경험 또는 동기에 따라 형성된 가치관, 선입견, 편견, 고정관념 등에 따라 화자의 메시지가 의도와 다르게 왜곡되어 해석되는 상황
무관심	상대에 대한 무관심과 편견으로 대화에 집중하지 않는 경우. 진정한 의사소통은 언어 뿐 아니라 그 안에 숨겨진 의도, 얼굴의 표정이나 자세, 말투, 비언어 등을 통해 종합적으로 전달된다.
불신	대화를 하는 쌍방이 서로를 신뢰하지 못하는 경우
평가·조언 성향	개인이 가지고 있는 평가나 조언의 성향이 소통을 어렵게 하는 것을 의미. 의사소통은 상대의 생각과 감정을 있는 그대로 수용하고 이해하는 것이 중요한데, 상대에 대해 평가나 조언의 성향을 보이게 되면 공감과 수용 능력이 부족해서 결국 갈등을 유발하게 된다.
감정상태	감정에 치우칠 경우 진행된 의사소통 활동은 송 · 수신자 모두에게 부정적인 영향을 준다. 결국 합리적인 이성적 소통 활동은 어려워진다.

사례 : 한국 기업의 커뮤니케이션 문제를 해결하는 중요한 키워드, 기업용 메신저

한국 기업에서 소통의 문제는 어제 오늘의 문제가 아니다. 기업 메신저 전문 기업 AOS Korea의 고객을 대상으로 한 설문조사에 따르면 직장 내에서 소통이 안 된다는 응답이 70%를 넘었다.

장정애 교수 등 공동저자의 '조직행동론'이라는 책의 내용에 의하면, 국내 회사 간부 응답자의 74%가 조직 성과의 장애요인으로 커뮤니케이션을 꼽고 있다. 동 저서에 따르면 회사에서 정보를 전달하는 데 있어서 주요 장애요인은 다음과 같다.

첫째, 정보를 전달할 때 발신자나 전달자가 의도적으로 정보를 조작하여 위로 올라갈수록 정보가 왜곡되어 전달되는 경우, 둘째, 발신자의 내용이 많거나 어려워 이를 수신자가 완전히 이해하지 못하고 자신의 프레임대로 생각하여 받아들이는 경우, 셋째, 수신자가 발신자에 대해 반응하지 않거나 답변을 주지 않아서 오해가 생기는 경우, 넷째, 구두로 의사소통을 할 경우 당사자나 수신자의 감정 상태나 언어, 단어의 선택 등에 따라 잘못 전달되는 경우, 마지막으로 다섯째, 불필요한 회의를 통해 회사의 중요한 인적 자원이 낭비되는 경우가 있다.

여기에 더하여 디지털이나 스마트폰의 메신저가 생활화 되어 있는 1980년대 이후 태어난 밀레니엄 세대와 구두보고나 결재 서류를 통한 보고에 익숙해져 있는 베이비붐 세대 간의 의사소통 방법이 달라, 이러한 차이로 인해 회사 내의 소통이 더 어려워지는 것이 현실이다.

어느 회사나 이러한 보편적인 문제를 갖고 있다. 이를 해결하기 위해서 A사의 조현준 대표는 다음과 같은 커뮤니케이션 대책을 제시한다.

먼저 정보 전달자의 보고서가 현장 중심이어야 하고 간결해야 한다. 또 이슈에 관련되어 있는 참가자가 동시에 발신자의 내용을 여과 없이 전달받아야 한다. 아울러 수신자가 내용을 인지했는지 여부를 알 수 있어야 하고 피드백에 대한 객관적인 기록이 남아야 한다.

정보공유는 실시간으로 이뤄져야 하고 자료 작성에 많은 시간이 소요되지 않아야 한다. 시간과 공간의 제약이 있는 대면보고 보다는 메신저의 형태로 전달되어야 효율성이 높다. 관련자들이 다 모이는 불필요하고 경직된 회의를 최소화하고 사이버공간에서 자유로운 토론이 이뤄져야 수월한 커뮤니케이션이 이뤄진다.

최근 이러한 기업 내의 커뮤니케이션 문제를 해결해주는 대안으로 기업용 메신저가 부각되고 있다. 기업용 메신저란 기업의 업무에 특화된 협업솔루션으로 PC 및 모바일, 태블릿에서도 실시간으로 직원 간 커뮤니케이션이 가능하다.

직장인들의 업무 효율을 높일 수 있을 뿐만 아니라 기업의 소중한 자산인 커뮤니케이션 정보를 관리할 수 있고 파일, 동영상, 사진 등도 공유가 가능해 시간이 많이 걸리는 이메일을 대체하는 그야말로 스마트워크 시대에 맞는 차세대 협업솔루션으로 각광받고 있다. (후략…)

[출처] 한경닷컴 뉴스팀 newsinfo@hankyung.com 2017-02-28

Level up Mission Step 1

2장 '이야기속으로'에 나온 "난다병원"의 사례에서 의사소통의 저해 요인은 무엇일까?

2. 의사소통 능력 개발 방안

의사소통 능력을 개발하기 위해서는 원활한 의사소통을 방해하는 요인을 분명히 알고, 이를 제거하기 위한 노력을 해야 한다. 이를 위해 무엇보다 자신이 스스로 의사소통의 중요한 주체임을 확인하고, 자신의 문제점을 객관적으로 분석할 수 있어야 한다. 또한 타인을 이해하려는 노력과 조직의 구성원으로서 조직 분위기를 개선하도록 노력하는 것도 필요하다.

(1) 효과적인 소통 방법

① 발신자의 효과적 메시지 전달

㉠ 사전에 전달할 내용 명확화

먼저 전달할 내용이 무엇인지와 왜 전달해야 하는지 한 번 더 생각해 본다.

㉡ 수신자가 이해할 수 있는 전달 매체 선택

자신에게 편리한 방법이 아닌 수신자가 이해하기 편한 방법을 고려해야 한다.

㉢ 상호 신뢰적 분위기 조성

상호 신뢰의 분위기는 의사소통에 큰 영향을 미치므로 중요하게 생각해야 한다.

㉣ 적당한 피드백 및 전달 확인

수신자가 제대로 이해했는지 피드백 및 전달 내용을 한 번 더 확인함으로써 오류를 줄일 수 있다.

㉤ 전문성 확보

발신자가 전달하는 주제에 전문성이 있으면 메시지의 신뢰성이 향상된다.

② 수신자 측의 메시지 수용

㉠ 선입견 및 섣부른 판단 금지

발신자가 내용을 충분히 전달하기 전에 수신자가 성급히 판단하게 되면, 메시지 이해도 정확히 안될 뿐 아니라 발신자를 방어적으로 만들어 버린다.

㉡ 능동적 경청

메시지를 능동적으로 주의 깊게 경청함으로써 신뢰와 이해를 도모할 수 있다.

㉢ 직접적 대면

중간단계를 거치지 않을수록 의사전달은 명확해진다. 따라서 가급적 직접 대면의 방법을 활용해 의사소통 하는 것이 효과적이다.

(2) 조직의 의사소통 활성화 방안

① 대인관계의 개선

㉠ 상하 계층 간의 인간관계를 개선하고 집단 성원 간의 사회심리적 거리를 단축시켜 의사소통을 원활하게 한다.

㉡ 자유롭게 의사표시를 할 수 있는 분위기를 조성

㉢ 하급자들이 상급자들에게 접근하기 용이한 개방정책(open door policy)을 실시

㉣ 제안함(suggestion box)이나 건의함을 설치하여 의견제시의 활성화 도모

② 의사소통 체계의 확립

㉠ 의사소통의 통로는 공식적으로 명확하게 명시하여 모든 구성원들에게 알린다.

㉡ 조직의 모든 구성원에게 명확한 공식적 의사소통의 통로가 있어야 한다.

(하의상달과 상의하달의 소통체계)

㉢ 상향식 커뮤니케이션 장려(고충처리 절차, 문호개방 절차, 퇴직자 면접 등의 제도적 장치로 상향적 커뮤니케이션을 증대 가능)

③ 적절한 언어의 사용

　㉠ 전달자는 수신자가 가장 잘 이해하고 해석할 수 있는 방법을 사용

　㉡ 전달자는 언어적 정보와 비언적 정보를 동등하게 사용하여 수신자의 이해를 도와야 한다.

④ 신뢰의 분위기 조성

　㉠ 쌍방을 통해서 이루어져야 하며, 상호 신뢰에 기초한 공개적인 분위기 속에서 의사소통이 이루어질 때 가장 효과적이다.

　㉡ 상사는 하위직원에게 최대한 공개적으로 모든 관련 정보를 제공하여, 자신과 하위직원간의 접촉을 극대화시키려고 노력한다.

⑤ 공동의 목표 제시

　㉠ 과도한 내부의 경쟁은 조직 내에서 충성심, 팀워크, 정보의 공유를 저해한다.

　㉡ 대의를 위해 토의와 논쟁이 가능한 건설적 문화를 구축한다.

⑥ 핵심 메시지로 승부

　㉠ 조직 구성원들에게 전달하고자 하는 핵심 메시지를 반복적으로 강조하고, 충분히 이해와 공감이 되도록 구체적인 사례를 제시한다.

　㉡ 구성원들이 외부의 왜곡된 소문을 통해 조직 내부의 부정적인 소식을 듣기 전에 가능한 빨리 관련 정보를 투명하게 공개한다.

⑦ 반복(redundancy)과 피드백(feedback)

　㉠ 반복 : 의사소통의 전부 또는 일부를 두 번 이상 되풀이 해서 의사소통의 정확성을 높인다.

　㉡ 피드백 : 전달자가 발송한 정보를 피전달자가 정확히 받아서 바르게 해석하였는가를 전달자가 알 수 있도록 해준다. 이 방법은 의사소통의 신속성을 감소시키나 의사소통의 정확성을 높일 수 있는 장점이 있다.

　　커뮤니케이션 행태에 대한 연구결과 긍정적 발언과 부정적 발언의 적절한 피드

백 비율은 5.6:1인 것으로 나타났다. 따라서 긍정적 피드백과 부정적 피드백을 적절한 비율^(5.6:1)로 조합해 의사소통 하는 노력이 필요하다.

부정적 피드백을 하는 상황에서는 "자네는 무능하군" 등의 평가적 발언이 아닌 사실에 기초한 의사소통을 하는 것이 중요하다. 즉, 문제 자체에 집중하도록 한다.

> **예** 자네. 오늘 2시가 보고서 마감이었는데 시간을 넘기도록 마무리를 못했군.

⑧ 경청 후 판단

　㉠ 조직 내 집단지성의 발휘를 위해 다양한 구성원의 소리를 경청하도록 한다.

　㉡ 구성원의 다소 엉뚱한 제안이나 아이디어도 끝까지 경청하고 판단한다.

⑨ 칭찬과 격려

　㉠ 질책 위주의 회의, 거친 말 등은 조직 내 부정적인 분위기를 조성해 구성원들의 방어적인 태도를 불러일으키게 된다.

　㉡ 구성원들은 조직 내 리더의 영향을 받으며 성장한다. 칭찬과 격려로 긍정적인 분위기를 연출해 구성원 모두가 긍정의 감성을 가질 수 있도록 노력한다.

⑩ 종합적 접근

커뮤니케이션은 조직의 여건과 상황에 영향을 크게 받으므로, 조직 내 의사소통의 활성화를 위해서는 단편적인 사항 하나를 개선하는 것보다 전반적 · 종합적 · 입체적 접근이 필요하다.

Level up Mission Step 1

의사소통 능력을 개발하기 위한 방법에는 어떤 것이 있을까? 생각나는 대로 적어보자.

Level up Mission Step 2

다음에 제시된 의사소통 개발 tip과 비교해 자신이 더 노력할 부분을 찾아보자.

 효과적인 의사소통 개발

1. 사후 검토와 피드백의 활용 : 직접 말로 물어보거나 상대의 표정이나 비언어 등을 관찰해 정확한 반응을 살핀다.

2. 언어의 단순화 : 명확하고 쉽게 이해 가능한 단어를 선택해 이해를 높인다.

3. 적극적인 경청 : 감정을 이입해 능동적으로 집중하며 경청한다.

4. 감정의 억제 : 감정적으로 상대의 메시지를 곡해하지 않도록 침착하게 의사소통한다.

나는 어떤 노력을 더 해야 할까?

학습평가 Quiz

1 다음 중 효과적인 소통을 위한 수신자의 메시지 수용 방법에 해당하지 않는 것은?

① 선입견 및 섣부른 판단 금지
② 능동적 경청
③ 직접적 대면
④ 사전에 전달할 내용 명확화

2 다음 중 인지 · 심리적 잡음의 종류에 해당하지 않는 것은?

① 왜곡   ② 무관심   ③ 정보격차   ④ 평가 · 조언성향

3 다음은 의사소통의 저해요인 중 어디에 해당하는 내용인가?

- 언어 : 다언어를 사용하는 다민족 국가의 경우, 은어라든가 전문용어, 방언 등
  (예 제주도, 전라도 등의 사투리)
- 환경, 정세 : 물가, 안보 등 상황의 변동
- 사회분화도 : 사회분화도가 진화되어 그 전문화의 도가 깊어진 사회일수록 의사소통이 어려워짐

① 인간적 요인   ② 차별화 요인
③ 조직구조적 요인   ④ 사회 문화적 요인

4 다음은 무엇에 대한 설명인가?

- 의사소통을 저해하는 요인을 의미
- 원활한 의사소통을 방해하는 요인으로 이를 제거하지 않으면 효과적인 소통은 어려워짐

5 의사소통 능력 개발 방안 중 피드백의 뜻과 이를 활용할 시의 장점에 대해 서술하시오.

1 의사소통의 저해요인은 크게 인간적 요인, 조직구조적 요인, 사회문화적 요인으로 구분된다.

2 잡음의 종류는 크게 두 가지로 인지·심리적 잡음과 물리적 잡음으로 구분된다.

- 인지 심리적 잡음의 종류
  - 왜곡, 무관심, 불신, 평가 · 조언 성향, 감정상태
- 물리적 잡음의 종류
  - 정보격차, 생략 · 누락, 타이밍, 환경 · 분위기

3 효과적인 소통을 위해 발신자와 수신자는 아래와 같은 노력을 해야 한다.

① 발신자의 효과적 메시지 전달
  ㉠ 사전에 전달할 내용 명확화
  ㉡ 수신자가 이해할 수 있는 전달 매체 선택
  ㉢ 상호 신뢰적 분위기 조성
  ㉣ 적당한 피드백 및 전달 확인
  ㉤ 전문성 확보
② 수신자 측의 메시지 수용
  ㉠ 선입견 및 섣부른 판단 금지
  ㉡ 능동적 경청
  ㉢ 직접적 대면

NCS
의사소통
능력

Part

문서이해와
작성 능력

NCS
의사소통
능력

Chapter

3

Chapter 3

문서이해 능력의 개념과 작성방법

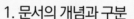

1. 문서의 개념과 구분
2. 문서이해의 의미와 절차
3. 문서작성의 중요성과 문서작성법

Learning Objectives

1. 문서의 개념과 종류를 설명할 수 있다.
2. 다양한 종류의 문서를 설명할 수 있다.
3. 문서이해의 구체적인 절차를 말할 수 있다.
4. 직장생활에서 필요한 문서작성의 방법을 설명할 수 있다.

한 시장조사 업체에서 직장인 578명을 대상으로 설문조사를 한 결과 응답자의 88.4%가 보고서 작성으로 인해 스트레스를 받는다고 응답했다. 연령별로는 만 30~39세가, 직급별로는 과장급이 가장 많은 스트레스를 받는다고 대답했는데, 이는 부서와 팀에서 실질적인 업무를 담당하는 핵심 역할을 하기 때문으로 보인다. 과장급 다음으로는 부장급과 대리급이 뒤를 이었는데 전 직급의 직원이 보고서에 대한 스트레스에 시달린다 해도 과언이 아닐 것이다. 하지만 힘들다고 회사 업무의 대다수를 차지하는 보고서 작성을 피할 수는 없다.

보고서뿐만 아니라 이메일이나, 제안서, 기획서 등 비즈니스 글쓰기는 직장인에게 필수적인 능력이 되었다. 조직은 효율적인 의사소통과 업무 생산성 향상을 위해 임직원들에게 문서작성 능력을 요구한다. LG그룹에서는 홍보 직무를 수행하는 직원에게 필요한 역량 중 하나로 '미디어에 대한 이해 및 활용' 능력을 꼽는다고 한다.

예를 들어, 사원급은 '주제 혹은 사안에 대해 보고서, 보도자료, 기사, 멀티미디어 홍보 자료 등을 작성할 수 있어야 한다.'고 기술하고 있으며, 대리급은 '팀의 홍보전략에 맞추어 각종 문서를 작성할 수 있어야 한다.', 과장급은 '각종 홍보 자료 등의 문서를 감수, 수정할 수 있어야 한다.'라고 규정했다. 직급이 높아질수록 비즈니스 글쓰기에 있어 필요한 역량 수준도 높게 설정되는 것이다. 그럼 리더는 어떤 능력이 필요할까? '경영층과 고객을 대상으로 핵심 사항 중심의 논리정연하고 간결하며 설득력 높은 보고서를 작성할 수 있다.'라고 규정했다.

마찬가지로 세계적인 리더를 배출하기로 유명한 하버드 대학교에서 흥미로운 설문조사를 진행했다. 그 학교 졸업생 중 사회적인 리더로 활동하는 사람들에게 성공의 가장 큰 요인을 물어봤더니 그 결과 가장 많은 대답이 '글 쓰는 능력'이라고 나온 것이다. 또한 우리나라 직장인의 77.7%가 보고서 작성 능력과 성공이 상관관계가 있다고 생각한다는 조사결과도 있다.

[출처] "피할 수 없는 비즈니스 글쓰기, 이렇게 시작하세요" 2014.06.11 수정 발췌

3장에서는 이처럼 직장에서의 성공을 위해 필수적으로 갖춰야 하는 문서작성 능력에 대해 알아본다. 문서작성의 개념을 알고, 문서이해의 의미와 절차를 습득하며, 조직에서 필요한 다양한 문서작성법을 통해 보다 실무적인 문서이해 능력을 키울 수 있을 것이다.

1 다음은 무엇에 대한 설명인가?

> 제안서, 보고서, 기획서, 편지, 이메일, 팩스, 메모, 공지사항 등 문자로 구성된 것을 의미한다.

① 문서   ② 자료
③ 원고   ④ 안내문

2 다음 중 기획서에 대한 설명으로 옳은 것은?

① 공공기관이나 단체에서 대내외적인 공무를 집행하기 위해 공식으로 작성한 문서

② 기업에서 일어날 수 있는 다양한 일들에 대해 적극적인 아이디어를 문서 형태로 만든 것.
구체적인 계획수립을 세우고 시행하도록 설득하는 문서

③ 기업활동 중 어떤 사항의 문제해결을 위해 해결 방안을 작성해 결재권자에게 업무 협조를 구하
거나 의사결정을 요청하는 사내 공문서

④ 특정한 일에 관한 현황이나 그 진행상황 또는 연구·검토 결과 등을 보고하고자 할 때 작성하
는 문서

3 다음 중 직장에서 요구되는 문서이해 능력의 의미에 해당하지 않는 것은?

① 문서를 읽고 이해할 수 있는 능력

② 각종 문서나 자료에 수록된 정보를 확인해 알맞은 정보를 구별하고 비교해 통합할 수 있는 능력

③ 문서에 나타난 타인의 의견을 이해하여 요약하고 정리할 수 있는 능력

④ 미사여구를 동원해 문장을 길고 유려하게 쓰는 능력

1. 문서의 개념과 구분

문서란 제안서, 보고서, 기획서, 편지, 이메일, 팩스, 메모, 공지사항 등 문자로 구성된 것을 의미한다. 사람들은 일상생활에서는 물론 직업현장에서 다양한 문서를 사용한다. 이런 문서를 통해 우리는 상대방에게 효율적으로 의사를 전달하고 자신의 의사를 상대에게 효과적으로 설득하고자 한다. 따라서 우리는 다양한 상황에서 활용되는 문서를 보다 정확하게 읽고, 쓰고, 이해하여 전달하고자 하는 내용을 명확히 전달해야 한다.

(1) 문서의 개념

① 문서의개념

문자나 기호를 사용하여 업무에 필요한 사항을 구체적으로 기록하고 표시한 것으로써, 기업이나 관공서 등의 조직에서 업무상 활용되는 모든 서류와 기록물을 말한다.

② 비즈니스 문서의 개념

문자와 기호, 도표 등을 사용해 사실과 정보, 의사를 기록한 것을, 업무상 취급하는 일체의 서류를 의미한다.

(2) 문서의 종류

① 공문서

공공기관이나 단체에서 대내외적인 공무를 집행하기 위해 공식으로 작성한 문서

② 기획서

기업에서 일어날 수 있는 다양한 일들에 대해 적극적인 아이디어를 문서 형태로 만든 것. 구체적인 계획수립을 세우고 시행하도록 설득하는 문서

③ 기안서

기업활동 중 어떤 사항의 문제해결을 위해 해결 방안을 작성해 결재권자에게 업무 협조를 구하거나 의사결정을 요청하는 사내 공문서

④ 보고서

특정한 일에 관한 현황이나 그 진행상황 또는 연구 · 검토 결과 등을 보고하고자 할 때 작성하는 문서

종류	내용
영업보고서	재무제표와 달리 영업상황을 문장 형식으로 기재해 보고하는 문서
결산보고서	진행됐던 사안의 수입과 지출결과를 보고하는 문서
일일업무보고서	매일의 업무를 보고하는 문서
주간업무보고서	한 주간에 진행된 업무를 보고하는 문서
출장보고서	회사 업무로 출장을 다녀와 외부 업무나 그 결과를 보고하는 문서
회의보고서	회의 결과를 정리해 보고하는 문서

⑤ 설명서

상품의 특성이나 사물의 작동법과 과정을 소비자에게 설명하는 것을 목적으로 작성하는 문서

종류	내용
상품소개서	일반인들이 친근하게 읽고 내용을 쉽게 이해하도록 하는 문서로, 소비자에게 상품의 특징을 잘 전달해 상품 구입을 유도하는 것이 목적
제품설명서	제품의 특징과 활용도에 대해 세부적으로 언급하는 문서로, 제품 구입도 유도하지만 제품의 사용법에 대해 자세히 알려주는 것이 목적

⑥ 보도자료

정부 기관이나 기업체, 각종 단체 등이 언론을 상대로 자신들의 정보가 기사로 보도되도록 하기 위해 보내는 자료이다.

⑦ 자기소개서

자신의 가정환경과 성장과정, 입사동기와 근무자세 등을 구체적으로 기술해 자신을 소개하는 문서이다.

⑧ 비즈니스 레터^(E-mail)

사업상의 이유로 고객이나 단체에 보내는 편지나 이메일 등을 말한다. 보통 직접 방문하기 어려운 고객관리 등을 위해 사용되는 비공식적 문서이지만, 제안서나 보고서 등 공식적인 문서를 전달하는데도 사용된다.

⑨ 비즈니스 메모

업무상 필요한 중요한 일이나 앞으로 체크해야 할 일이 있을 때 필요한 내용을 메모형식으로 작성해 전달하는 글이다.

종류	내용
전화 메모	업무적인 내용부터 개인적인 전화의 전달사항 등을 간단히 작성해 당사자에게 전달하는 메모
회의 메모	회의에 참석하지 못한 상사나 동료에게 전달 사항이나 회의 내용에 대해 간략하게 적어 전달하거나, 회의 내용 자체를 기록해 회의의 기록이나 참고자료로 남기기 위해 작성한 메모
업무 메모	개인이 추진하는 업무나 상대의 업무 추진 상황을 적은 메모

사례 : 직장인 72.6% "문서 보관 골치"… 업무 환경 개선 방법은?

국내 20대 이상 직장인 1632명을 대상으로 '2015 기업 내 업무 커뮤니케이션 실태 조사'를 설문한 결과, 상당수의 직장인(72.6%)이 '업무용 문서 관리'에 불편을 겪고 있는 것으로 나타났다고 밝혔다.

이번 설문 조사는 직장인의 업무 생산성 향상 방안을 연구하기 위한 목적으로 진행됐다. 설문 조사 결과, 문서 관리 실태에로는 국내 직장인의 72.6%가 업무용 문서 관리에 고충을 겪고 있다고 응답했다.

문서 관리에 고충을 겪는 가장 큰 이유로는 '보관 중인 문서가 많아 파일 찾기가 어려움(34%)'이 가장 많이 선택됐다. 이어서 '유사한 파일명 구분 어려움(23.8%),' '외부에서 업무 문서가 필요할 때 사용 못 함(21.2%),' '문서 유실(20.5%)' 등이 뒤를 이었다.

한편, '커뮤니케이션 도구 사용 현황' 관련 조사에서는 응답자의 39.9%가 업무 자료 공유를 위해 이메일, 카카오톡 등 다양한 커뮤니케이션 도구를 사용한다고 답했다.

자료 공유에 가장 많이 사용하는 커뮤니케이션 도구로는 1위 이메일(31.5%), 2위 개인 메신저(24.2%), 3위 사내 메신저(20.4%)로 나타났으며, 이 밖에도 클라우드 스토리지 서비스, USB 등 기타 저장 매체를 사용하는 직장인도 23.9%에 달하는 것으로 집계됐다.

이번 설문 결과를 통해 업무용 문서를 보다 효율적으로 관리하고 손쉽게 공유할 수 있는 사내 커뮤니케이션 도구를 도입한다면, 이와 같은 직장인의 고충을 해결함과 동시에 업무 생산성도 향상시킬 수 있을 것으로 기대된다.

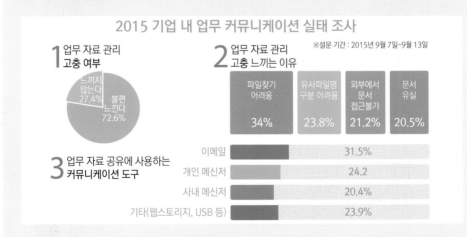

[출처] 직장인 72.6% "문서 보관 골치"… 업무 환경 개선 방법은?.
[천지일보=최유라 기자]2015.10.17. 참고

Level up Mission Step 1

앞에 제시된 9가지 문서의 종류 중 현재 내가 가장 많이 사용하는 문서는 어떤 것인가?

Level up Mission Step 2

자신의 경험을 되돌아 볼 때 자신에게 주어진 문서를 제대로 이해하지 못해서 당황했던 경험이 있는가? 그리고 왜 이해하지 못했는지 그 원인을 찾아 작성해 보자.

2. 문서이해의 의미와 절차

(1) 문서이해의 의미

① 국가직무능력표준(NCS) 문서이해 능력의 개념

- 작업 현장에서 자신의 업무와 관련된 인쇄물이나 기호화된 정보 등 필요한 문서를 확인하여 문서를 읽고, 내용을 이해하여 요점을 파악하는 능력을 말한다.

② 직장에서 요구되는 문서이해 능력의 의미

- 문서를 읽고 이해할 수 있는 능력
- 각종 문서나 자료에 수록된 정보를 확인해 알맞은 정보를 구별하고 비교해 통합할 수 있는 능력
- 문서에 나타난 타인의 의견을 이해하여 요약하고 정리할 수 있는 능력

(2) 문서이해의 구체적인 절차

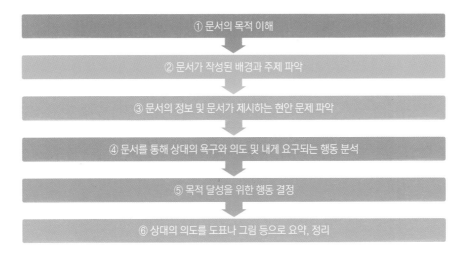

① 문서의 목적 이해

② 문서가 작성된 배경과 주제 파악

③ 문서의 정보 및 문서가 제시하는 현안 문제 파악

④ 문서를 통해 상대의 욕구와 의도 및 내게 요구되는 행동 분석

⑤ 목적 달성을 위한 행동 결정

⑥ 상대의 의도를 도표나 그림 등으로 요약, 정리

3. 문서작성의 중요성과 문서작성법

 사 례

"그러니까 결론이 뭡니까?"

3일 전 무지개 어린이집에 보육교사로 취업한 A 씨. 오늘 아침의 미팅 주제는 다음 달에 진행되는 재롱잔치의 구성안과 아이디어 회의였다. 원내에는 총 5명의 보육교사가 있는데, 최소 6개월에서 3년 동안의 경력을 가진 교사들은 그동안의 노하우가 있어서인지 다들 매끄럽게 자신의 의견을 발표했다.

드디어 A 씨의 차례. 심혈을 기울여 학교에서 배웠던 내용과 인터넷 검색을 통해 찾아낸 나름 신선한 아이디어를 발표하는 시간! 중간정도 발표했을까? 갑자기 원장님이 말씀하셨다. "음...A 선생. 그래서 핵심 내용이 뭐지요?" 갑자기 당황한 A는 얼버무리며 대충 발표를 마쳤다.

발표를 마친 뒤에 원장님은 A의 발표에 대해 한 말씀 해 주셨다. "A 선생이 열심히 준비한건 알겠지만 무슨 말을 하려고 하는지 이해가 잘 안되었어요. 하고 싶은 말이 무엇인지 조금 더 논리적으로 작성해 보도록 해요."

 Level up Mission Step 1

위의 사례를 봤을 때 문서작성이 중요한 이유는 무엇일까?

(1) 문서작성의 중요성

① 문서의 역할

• 같은 직장에서 근무하는 사람들의 기본적인 의사소통 수단

• 자신의 업무능력을 평가받는 기준

② 문서작성의 중요성

• 직장에서의 문서작성은 업무와 관련된 일로 조직의 목표와 비전을 실현시키는 생존

을 위한 것이다. 그렇기 때문에 직장인으로서 문서작성 능력은 개인의 의사표현이나 의사소통을 위한 과정으로서 업무의 일부라고 생각하기 쉽지만 이를 넘어 조직의 사활이 걸린 중요한 업무이기도 하다.

③ 비즈니스 문서의 구성요소

- 품위 있고 짜임새 있는 골격
- 객관적이고 논리적이며 체계적인 내용
- 명확한 핵심 메시지 전달
- 명료하고 설득력 있는 구체적인 문장
- 문서를 통해 읽는 이의 관심 끌기
- 세련되고 인상적이며 효과적인 배치

(2) 상황에 따른 문서작성법

직장생활에서 요구되는 문서는 작성해야 하는 상황에 따라 그 내용이 결정되고, 내용에 따라 문서의 성격과 구성해야 할 내용이 결정된다.

요청이나 확인을 부탁하는 경우
• 업무 추진 과정 중에 업무 내용과 관련된 요청사항이나 확인절차가 필요한 상황 • 이 경우 반드시 일정한 양식과 격식을 갖춘 공문서를 사용한다.
정보제공을 위한 경우
• **홍보물이나 보도자료** : 일반적으로 회사 자체에 대한 홍보나 기업정보를 제공하는 경우 • **설명서나 안내서** : 제품이나 서비스에 대해 정보를 제공하는 경우   (정보제공을 위한 문서를 작성하고자 하는 경우에는 시각적인 자료를 활용하는 것이 효과적이며, 문서를 통한 정보제공은 신속하고 정확하게 이루어져야 한다.)
명령이나 지시가 필요한 경우
• 관련 부서나 외부기관, 단체 등에 명령이나 지시를 내려야 하는 경우 업무 지시서 작성 • 업무 지시서 작성 시에는 상황에 적합하고 명확한 내용을 작성한다. • 요청이나 자발적인 협조를 구하는 차원의 사안이 아니므로, 즉각적인 업무 추진이 실행될 수 있도록 해야 한다.

제안이나 기획을 할 경우		

- 제안서나 기획서의 목적은 업무를 어떻게 혁신적으로 개선할지, 어떤 방식으로 추진할지에 대한 의견을 제시하는 것
- 회사의 중요 행사나 업무 추진 하에 제안서나 기획서를 효과적으로 작성하는 것은 매우 중요하다.
- 제안이나 기획의 목적을 달성하기 위해서는 관련된 내용을 깊이 있게 담을 수 있는 작성자의 종합적 판단과 예견적 지식이 요구된다.

약속이나 추천을 위한 경우		

- 약속은 고객이나 소비자에게 제품의 이용에 관한 정보를 제공하고자 할 때 사용
- 추천은 개인이 다른 회사에 지원하거나 이직을 하고자 할 때 작성하는 문서

(3) 종류에 따른 문서작성법

문서의 서식은 각 회사나 기관별로 고유의 양식이 있을 경우에는 상황에 따라 적합한 문서 양식을 사용하고, 별도의 양식이 없는 경우에는 일반적으로 많이 쓰이는 양식에 작성한다.

문서 종류	작성법	
공문서	- 공문서는 회사 외부로 전달되는 문서로 누가, 언제, 어디서, 무엇을, 어떻게(왜)가 정확하게 드러나도록 작성한다. - 날짜는 연도와 월일을 반드시 함께 기입한다. - 날짜 다음에 괄호를 사용할 경우에는 마침표를 찍지 않는다. - 내용 구성은 한 장에 담는 것이 원칙이다. - 복잡한 내용은 항목 별로 구분한다.('-다음-', 또는 '-아래-') - 대외문서이고, 장기간 보관되는 문서의 성격에 따라 정확히 기술한다. - 마지막엔 반드시 '끝'자로 마무리한다.	
설명서	- 상품이나 제품에 대해 설명하는 글의 성격에 맞춰 정확히 기술한다. - 명령문보다 평서문으로 작성한다. - 동일한 문장 반복을 피하고 다양하게 표현한다. - 정확한 내용전달을 위해 간결하게 작성한다. - 소비자들이 이해하기 어려운 전문용어 사용은 가급적 지양한다. - 복잡한 내용은 도표를 통해 시각화하여 이해도를 높인다.	

문서 종류	작성법
기획서	〈기획서 작성 전 유의사항〉 • 기획서의 목적을 달성할 수 있는 핵심사항이 정확히 기입되었는지 확인 • 상대에게 어필해 채택하게끔 설득력을 갖춰야 하므로 상대의 요구사항을 면밀히 고려해 작성한다. 〈기획서 내용 작성 시 유의사항〉 • 내용이 한눈에 파악되도록 체계적인 목차 구성이 필요하다. • 핵심 내용이 잘 전달되도록 표현에 신경쓴다. • 내용의 효과적인 전달을 위해 표나 그래프를 활용해 시각화한다. 〈기획서 제출 시 유의사항〉 • 충분한 검토 후 제출하도록 한다. • 인용한 자료의 출처가 정확한지 확인한다.
보고서	〈보고서 내용 작성 시 유의사항〉 • 업무 진행 과정 중 쓰는 보고서의 경우, 진행과정에 대한 핵심내용을 구체적으로 제시하도록 작성한다. • 내용의 중복을 피하고 핵심사항만을 산뜻하고 간결하게 작성한다. • 복잡한 내용일 때에는 도표나 그림을 활용한다. 〈보고서 제출 시 유의사항〉 • 보고서는 개인의 능력을 평가하는 기본요인이므로, 제출하기 전에 반드시 최종점검을 한다. • 참고자료는 정확히 제시한다. • 내용에 대한 예상 질문을 사전에 추출해보고 그에 대한 답을 미리 준비한다.

Level up Mission Step 2

기획서를 만들어보자.

기획서	
제목 :	

1. 개요

2. 현재 상태

3. 목표

4. 구성

　　1)

　　2)

　　3)

4. 추진기간

5. 기대효과

1 다음은 어떤 문서에 대한 설명인가?

정부 기관이나 기업체, 각종 단체 등이 언론을 상대로 자신들의 정보가 기사로 보도되도록 하기 위해 보내는 자료이다.

① 공문서   ② 보도자료

③ 기획서   ④ 비즈니스 레터

2 다음 중 비즈니스 문서의 구성요소에 해당하지 않는 것은?

① 품위 있고 짜임새 있는 골격

② 객관적이고 논리적이며 체계적인 내용

③ 명료하고 설득력 있는 구체적인 문장

④ 의도를 은유적으로 표현하는 시적인 감각

3 상황에 따른 문서작성법 중 다음은 어떤 글쓰기에 해당하는가?

• 홍보물이나 보도자료 : 일반적으로 회사 자체에 대한 홍보나 기업정보를 제공하는 경우

• 설명서나 안내서 : 제품이나 서비스에 대해 정보를 제공하는 경우(정보제공을 위한 문서를 작성하고 자 하는 경우에는 시각적인 자료를 활용하는 것이 효과적이며, 문서를 통한 정보제공은 신속하고 정확하게 이루어져 야 한다.)

① 정보제공을 위한 경우

② 명령이나 지시가 필요한 경우

③ 제안이나 기획을 할 경우

④ 요청이나 확인을 부탁하는 경우

④ 다음은 무엇에 대한 설명인가?

• 내용이 한눈에 파악되도록 체계적인 목차 구성이 필요하다.
• 핵심 내용이 잘 전달되도록 표현에 신경 쓴다.
• 내용의 효과적인 전달을 위해 표나 그래프를 활용해 시각화한다.

⑤ 문서이해의 구체적인 절차에 대해 서술하시오.

학습내용 요약 Review (오늘의 Key Point)

① 문서란 제안서, 보고서, 기획서, 편지, 이메일, 팩스, 메모, 공지사항 등 문자로 구성된 것을 의미한다.

② 문서이해의 구체적인 절차

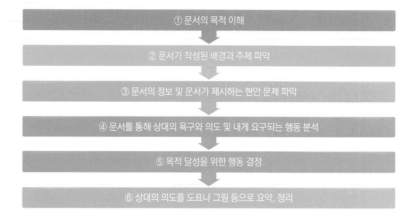

① 문서의 목적 이해

② 문서가 작성된 배경과 주제 파악

③ 문서의 정보 및 문서가 제시하는 현안 문제 파악

④ 문서를 통해 상대의 욕구와 의도 및 내게 요구되는 행동 분석

⑤ 목적 달성을 위한 행동 결정

⑥ 상대의 의도를 도표나 그림 등으로 요약, 정리

③ 직장에서의 문서작성은 업무와 관련된 일로 조직의 목표와 비전을 실현시키는 생존을 위한 것이기 때문에 매우 중요하다.

④ 비즈니스 문서의 구성요소는 다음과 같다.

① 품위 있고 짜임새 있는 골격

② 객관적이고 논리적이며 체계적인 내용

③ 명확한 핵심 메시지 전달

④ 명료하고 설득력 있는 구체적인 문장

⑤ 문서를 통해 읽는 이의 관심 끌기

⑥ 세련되고 인상적이며 효과적인 배치

NCS
의사소통
능력

Chapter

4

Chapter 4
실전 비즈니스
문서의 이해

1. 비즈니스 문서작성
2. 비즈니스 문서의 구성
3. 비즈니스 문서의 10가지 핵심 구성요소

 Learning Objectives

1. 비즈니스 문서의 기능과 특징을 설명할 수 있다.
2. 비즈니스 문서를 구성하는 요인들을 설명할 수 있다.
3. 비즈니스 문서를 작성하는 데 있어서 10가지의 핵심요소를 말할 수 있다.

K 사원의 하루 일과 속으로 들어가 보자. K 사원은 오전에 신규 레스토랑 런칭 관련 업무보고서를 만들어 과장에게 보고한 후 꾸중을 들었다. 오후에는 거래처 직원이 어제 보낸 제안서에 오타를 수정해 달라는 요청을 해왔고, 오후에는 임원들 앞에서 1분기 실적발표를 위해 파워포인트와 프레지를 이용해 서둘러 자료를 만든 후 프리젠테이션을 진행했지만 준비 부족으로 실수를 연발해 팀장에게 호되게 질책을 당했다.

저녁이 되자 기진맥진해진 K 사원은 뭔가 자신을 인정해 주지 않는 회사에 섭섭한 마음을 갖고 이직할 마음으로 취업포털 사이트에서 구인정보를 찾았다. 마땅한 곳을 찾아 낸 뒤 밤새도록 컴퓨터 앞에 앉아서 자기소개서와 이력서, 경력에 대한 포트폴리오를 만들었다고 생각해 보자.

K 사원이 만든 각각의 문서는 과연 누구를 위한 것일까?

업무보고서는 과장을 위해서, 제안서는 거래처를 위해서, 실적발표 자료는 임원진들을 위해서, 자기소개서와 경력 포르폴리오 등은 혹시 이직할지 모르는 회사의 인사담당자를 위해서 만든 것일까?

그렇지 않다. K 사원이, 그리고 우리가 만드는 모든 비즈니스 문서는 상사나 거래처의 직원이 아닌 바로 나 자신을 위해서 만드는 것이다.

모든 문서를 만드는 목적이 바로 나 자신을 위한 것이라면, 비즈니스 문서를 만드는 보다 세부적인 이유는 무엇일까? 그것은 총 6가지로 구분해 볼 수 있는데, 바로 사람들을 설득하고, 요청을 하여, 감사의 표시를 하고, 상황을 분석해 '보고'하며 '설명'하기 위해서이다.

4장에서는 비즈니스 문서의 실질적인 활용부분에 대해서 알아본다. 비즈니스 문서의 구성요인과 핵심 요소들을 짚어보며 실전 비즈니스 문서에 대한 감을 익혀보자.

1 다음 중 좋은 비즈니스 문서를 위한 4가지 질문에 해당하지 않는 것은?

① Where ② What
③ Why ④ How

2 다음 중 비즈니스 문서의 기능에 해당하지 않는 것은?

① 회사의 중요한 의사를 대내외적으로 연결하는 수단

② 자료로서의 보존 기능

③ 개인적인 사생활의 기록물로서 타인과 공유가 가능

④ 혹시 발생할지도 모르는 위험에 대한 책임을 명확히 함

3 다음 중 좋은 비즈니스 문서의 특징에 해당하지 않는 것은?

① 상사의 입장을 고려해 상황을 객관적으로 바라보고 정확히 진단해 핵심을 짚는 문서

② 체계적이고 논리적이며 일관성이 있는 문서

③ 사실관계에 있어서 개인의 생각이 명료한 주관적인 문서

④ 적절한 사례와 비유, 통계 등으로 흥미를 유발하는 문서

1. 비즈니스 문서작성

비즈니스 상황에서의 의사소통은 크게 문서와 언어소통으로 나뉜다. 말을 통해 진행되는 의사소통은 전체의 약 30%에 해당하지만, 글로 내용을 정리해 작성한 문서 의사소통은 나머지인 70%의 비중을 차지한다.

(1) 비즈니스 문서의 기능

① 회사의 중요한 의사를 대내외적으로 연결하는 수단
② 자료로서의 보존 기능
③ 혹시 발생할지도 모르는 위험에 대한 책임을 명확히 함.

(2) 좋은 비즈니스 문서의 특징

① 상사의 입장을 고려해 상황을 객관적으로 바라보고 정확히 진단해 핵심을 짚는 문서
② 체계적이고 논리적이며 일관성이 있는 문서
③ 사실관계가 명확하고 객관적인 문서
④ 적절한 사례와 비유, 통계 등으로 흥미를 유발하는 문서

(3) 비즈니스 문서작성의 왕도

① 다독(多讀)

선배들이 작성한 문서를 참고해 상사가 원하는 문서 스타일의 틀을 만든다.

② 다념(多念)

문서를 읽는 사람의 입장에서 끊임없이 고민한다.

③ 다작(多作)

직접 많이 써보며 체득한다.

2. 비즈니스 문서의 구성

(1) 좋은 문서를 위한 4가지 질문

[그림 4-2] **좋은 문서를 위한 4가지 질문**

(2) 문서작성의 3W 1H 세부항목

[그림 4-3] **문서작성의 3W 1H**

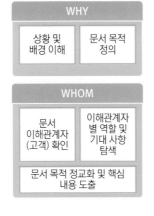

① Why

• 배경상황에 대한 이해와 문서의 목적 정의

② Whom

• 누구에게 보고하는 문서인가?

• Key MAN 분석을 통해 결재권자를 고려한 문서작성

• 문서를 만들 사람은 누구인가?

• 권한 위임과 건설적인 비판 실행

③ What

• 무엇을 담아야 하는가?

• 문제인식과 해결방안의 탐색

• 비즈니스 문서의 핵심을 한 줄로 요약 - 1p 보고서를 넘어선 한 줄 핵심 제시

④ How

• 목차구성과 핵심 메시지 도출. 비즈니스 문서의 마지막인 결재 받기

 Level up Mission Step 1

부서의 하반기 워크숍을 기획해 보자.

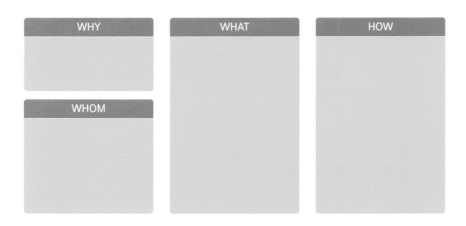

WHY	WHAT	HOW

WHOM

3. 비즈니스 문서의 10가지 핵심 구성요소

문서 번호	문서 제707호
수 신	토미 상사(주) 귀중
참 조	총괄 이사

제목 : 유아동 교구 거래 요청 건

　　서울특별시 어린이집연합회의 무궁한 발전을 기원합니다.
서울특별시 어린이집연합에 신제품 납품을 요청드리기 위해 문서로 연락을 드립니다.
당사는 유아동 교구 전문 제작업체로 지난 15년간 오직 유아만을 위한 교구 사업에만
주력해 왔습니다. 이번에 다년간의 노하우를 축적해 자연 관찰 교구 세트를 새로 출시
하였습니다. 유아들의 오감발달과 창의력 증진을 위해 당사는 총 36개 세트로 제작된
신제품을 소개해 드리고자 합니다. 연합회에 속한 많은 어린이집들이 관심가져 주십사
홍보의 글을 보내드립니다.
당사의 사업 실적서와 참고 자료를 동봉하오니 검토 부탁드리며, 궁금한 사항이 생기면
언제든 연락 부탁드립니다. 담당자를 파견해 친절한 상담을 도와드리도록 하겠습니다. 구체
적인 내용은 담당자를 통해 협의 부탁드립니다.그럼 좋은 결과를 기대하며 서울특별시
어린이집연합회의 앞날에 행운이 함께 하시길 기원합니다.

[별첨]
1. 사업 실적서 1부
2. 제품 카탈로그 1부

2017년 9월17일
해피토이 주식회사
대표 강지후 드림
T : 02-511-1234
E : jhkang@nave.com

(1) 문서 번호

문서의 상단에 위치한 문서 번호는 문서의 증빙과 보관상 편의를 위해 업무부서 단위로 정한 규칙에 따라 기입한다. 이는 문서 번호를 보고 어느 부서에서 어떤 목적으로 문서를 만들었는지 쉽게 파악할 수 있게 하기 위해서이다. 최근 비즈니스 문서로 이메일이 사용되면서 비즈니스 문서의 비중이 작아졌지만 문서 번호는 한마디로 문서의 정체성이라고 볼 수 있다.

(2) 문서작성 연월일

사람에게는 생일이, 그리고 문서에는 작성 연월일이 있다. 이때 주의사항은 문서를 만든 날이 아니라 발신한 날이 작성일이 된다는 것이다.

예를 들어, '2017년 7월 7일'에 문서를 만들었다 해도 문서를 '2017년 8월25일'에 발신한다면 발신일이 본 문서의 작성 연월일이 되는 것이다.

(3) 수신인

문서작성 시 놓치기 쉬운 부분이 바로 수신인과 관련된 부분으로서, 내부 보고가 목적인 문서라면 수신 부서만을 작성하면 되지만, 외부로 송부하는 비즈니스 문서의 수신인은 문서를 받는 회사의 이름을 첫 행에, 직위명과 성명은 다음 행에 적으며, 수신처의 주소는 적지 않는 것이 원칙이다.

(4) 발신인

문서를 만들어 보내는 발신인의 경우 회사와 부서, 직위와 이름을 모두 쓰며, 필요한 경우 대표자의 성명을 먼저 쓰는 경우도 있다.

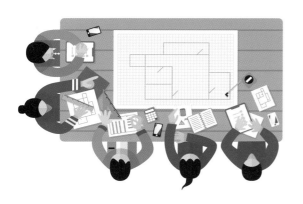

(5) 문서 제목

비즈니스 문서는 제목만 보고도 한눈에 문서의 성격과 내용을 알 수 있도록 간결하게 적는다.

(6) 첫머리

목적이 있는 비즈니스 문서라 하더라도 이메일 같은 경우는 본론만을 적을 경우에 삭막한 느낌을 줄 수 있다. 최소한의 예의로 기본적인 인사말부터 시작하는 것이 좋다. 일반적으로 날씨나 계절 등의 내용이 무난하다.

(7) 본문

비즈니스 문서의 핵심이라 볼 수 있는 본문은 용건을 말하는 주요 부분이기 때문에 핵심이 왜곡되지 않도록 간단 명료하게 작성하는 것이 좋다. 그래서 각 항목별로 체계적인 번호를 넣어 간결한 문장으로 구성하는 방법이 많이 활용된다. 비즈니스 문서에서 미사여구나 장황한 설명은 지양하도록 한다.

(8) 맺음말

일반적인 외부문서의 경우에는 본문 이후에 "끝"이라는 말로 문서를 마치는 경우가 많은데, 사내 문서의 경우에는 조금 더 공손한 인사말을 덧붙여 마무리하는 것이 좋다.

(9) 다음 및 별첨

본문 이외에 참고할만한 추가내용이 있는 경우에는 마지막에 "다음"으로 해서 따로 입력하는 것이 좋으며, 다른 문서를 함께 첨부하는 경우에는 "※ 첨부^(문서 이름)"와 같이 쓰는 것이 일반적이다. 또한 기타 사항이 있는 경우에는 반드시 "추신"이라고 쓰고 추가 사항을 적도록 하며, 팩스로 문서를 보내는 경우에는 팩스를 받는 사람이 문서를 다 받았는지 확인할 수 있도록 문서의 하단 중앙에 "현재페이지 / 전체페이지 수"를 기입해서 상대가 쉽게 문서의 완전한 전달 여부를 확인할 수 있도록 한다.

(10) 체계적인 문서파일 정리

비즈니스 문서를 잘 관리할 수 있도록 문서파일의 이름과 저장 폴더를 체계적으로 관리한다. 만들어진 문서는 중요한 기록이 되고 다음 프로젝트 진행 시의 가이드가 되기도 한다. 하지만 일반적으로 사내에서 만들어진 비즈니스 문서는 보안이 철저하게 관리되기 때문에 문서 유출을 외부로 하는 것은 금지되는 경우가 많다.

[참고] 비즈니스 문서작성의 기술(강성범, 정수용 공저)

 Level up Mission Step 1

비즈니스 문서의 10가지 핵심 요소를 짚어보고 본인이 이전에 만든 문서와 어떻게 다른지 확인해보자. 이 중에서 본인이 간과했던 부분은 어떤 것이 있는지 옆 사람과 이야기 나누어 본다.

Level up Mission Step 2

비즈니스 문서의 제목 예시를 3가지만 작성해보자.

① 사내 야유회 공지
② 상반기 결산 보고회 공지
③ 신메뉴 아이디어 회의 공지

학습평가 Quiz

1 비즈니스 문서 왕도를 위한 3가지 방법에 해당하지 않는 것은?

① 다독(多讀)　　　　　　　② 다념(多念)

③ 다작(多作)　　　　　　　④ 다양(多樣)

2 비즈니스 문서의 세부항목에서 목차구성은 어디에서 진행되는가?

① How　　　　　　　　　② What

③ Whom　　　　　　　　④ Why

3 다음 중 비즈니스 문서의 10가지 핵심 구성요소에 해당하지 않는 것은?

① 문서 번호

② 문서작성 연월일

③ 경쟁사 분석자료와 통계 수치

④ 다음 및 별첨

4 다음은 비즈니스 문서의 3W 1H 중 무엇에 대한 설명인가?

• 무엇을 담아야 하는가?
• 문제인식과 해결방안의 탐색
• 비즈니스 문서의 핵심을 한 줄로 요약 – 1p 보고서를 넘어선 한 줄 핵심 제시

5 좋은 문서를 위한 4가지 질문의 표를 그리고 설명하시오.

학습평가 Quiz

1 좋은 비즈니스 문서의 특징

① 상사의 입장을 고려해 상황을 객관적으로 바라보고 정확히 진단해 핵심을 짚는 문서

② 체계적이고 논리적이며 일관성이 있는 문서

③ 사실관계가 명확하고 객관적인 문서

④ 적절한 사례와 비유, 통계 등으로 흥미를 유발하는 문서

2 좋은 비즈니스 문서를 위한 4가지 질문

3 좋은 비즈니스 문서를 위한 10가지 구성요소

문서 번호, 문서작성 연월일, 수신인, 발신인, 문서 제목, 첫머리, 본문, 맺음말, 다음 및 별첨, 체계적인 문서파일 정리

NCS
의사소통
능력

Chapter

5

Chapter 5
문서작성의 실제

Learning Objectives

1. 문서작성에 있어서 꼭 지켜야 할 원칙을 말할 수 있다.
2. 문서작성 시의 주의사항을 알고 실천할 수 있다.
3. 문서 표현의 시각화 방법을 설명할 수 있다.

이야기속으로

"Manners make the man. 매너가 사람을 만든다."

킹스맨의 명대사로 영화 속에서 수트핏이 근사한 콜린퍼스가 하는 말이다.
이 명대사를 '직장인' 생활 안에도 적용해보는 것은 어떨까?

예를 들어, 직장내에서의 매너란 서로의 의견을 조율하며 작업을 하고, 작은 일에도 감사를 표현하며, 직장 동료에게 예를 갖추고 대화를 하거나, 함께 작업하는 동료를 배려하기 위해서 빠르게 업무처리를 하는 것들이 이에 해당할 것이다.

하지만 현실은 어떤가?

요점을 알 수 없는 보고서
형식을 제대로 갖추지 않은 문서
몇 번씩 수정을 요하는 서류
부연설명이 필요한 결과물들

서로의 시간을 효율적으로 쓰기 위해, 그리고 나의 업무능력 향상을 위해서도 회사원으로서 가장 중요한 무기인 '문서'를 매너있게 매력적으로 작성하는 방법은 누구나 궁금할 것이다.

[출처] [DOCSWAVE TIPS] 문서작성의 킹스맨 : 시크릿 매너 5가지 수정 발췌

5장에서는 이처럼 문서작성 시에 꼭 알아야 할 주의사항과 원칙을 짚어보고 효과적인 전달을 위한 문서 표현법과 사례를 알아본다. 직장인의 "문서작성 킹스맨(Kingsman) 되는 방법!!" 지금 시작해보자.

1 다음은 무엇에 대한 설명인가?

> 정보를 뜻하는 Information과 그림·시각적 형상을 의미하는 Graphic이라는 단어를 합친 단어로, 복잡하게 글로 되어 있는 문서 자료를 시각화해 표현한 자료를 의미한다.

① 마인드 맵　　　　　　　　② 통계
③ 인포그래픽　　　　　　　　④ 그래프

2 다음 중 문서작성의 원칙에 해당하지 않는 것은?

① 한자를 최대한 활용한다.
② 문장은 짧고 간결하게 작성한다.
③ 상대방이 이해하기 쉽게 쓴다.
④ 간단한 표제를 붙인다.

3 다음 중 이메일의 구성요소에 해당하지 않는 것은?

① 도입부 : 메일을 보내는 목적을 설명
② 본문 : 핵심내용을 담음
③ 요청사항 : 상대에게 기대하는 사항
④ 추신 : 빼 놓은 말을 정리한다.

1. 문서작성의 원칙과 주의사항

(1) 문서작성의 원칙

① 문장은 짧고 간결하게 작성한다.

② 상대방이 이해하기 쉽게 쓴다.

③ 한자의 사용을 자제한다.

④ 긍정문으로 작성한다.

⑤ 간단한 표제를 붙인다.

⑥ 간결체로 작성한다.

⑦ 문서의 주된 내용을 먼저 작성한다.

(2) 문서작성의 주의사항

각 회사마다 각 문서에 대한 정형화된 기본 틀이 있다. 문서작성은 공적으로 자신을 표현하고, 대외적으로는 회사를 대표하는 것이기 때문에 실수가 있어서는 안 된다. 문서작성 시에 주의해야 할 사항은 아래와 같다.

- 문서는 육하원칙에 의해 쓴다.
- 문서는 작성 시기가 중요하다.
- 문서는 한 사안을 한 장의 용지에 작성해야 한다.
- 문서작성 후 반드시 다시 한 번 내용을 검토하도록 한다.
- 문서의 첨부자료는 반드시 필요한 자료 외에는 첨부하지 않도록 한다.
- 문서내용 중 금액, 수량, 일자 등의 기재에 정확성을 기하도록 한다.
- 문장표현은 작성자의 성의가 담기도록하고 경어나 단어사용에 주의한다.

Tip 효과적인 문서적성

- 내용이해 : 전달하고자 하는 내용과 그 핵심 내용을 완벽히 파악해야 한다.

- 구성 : 효과적인 구성과 형식이 무엇인지 생각해야 한다.

- 자료수집 : 목표를 뒷받침해 줄 자료를 수집해야 한다.

- 핵심전달 : 단락별 핵심을 하위목차로 요약해야 한다.

- 대상파악 : 대상에 대한 이해와 분석을 철저히 해야 한다.

- 보충설명 : 질문을 예상하고 그에 대한 구체적인 답변을 준비해야 한다.

Level up Mission Step 1

다음의 예를 보고 글과 그림 중 어느 쪽이 알아보기 쉬운지 생각해보고, 왜 그런지 이야기 나누어 보자.

J 병원의 환자 클레임 현황

올해 J 병원의 클레임은 총 143건으로 집계되었습니다.
그중 의료진의 진료태도에 대한 불만이 43건, 원무과의 수납처리시스템에 대한 불만이 37건,
환자식에 대한 불만이 29건, 기타 시설 이용에 대한 불만이 34건입니다.

 [그림 5-1] **J 병원의 환자 클레임 발생 현황 통계 그래프**

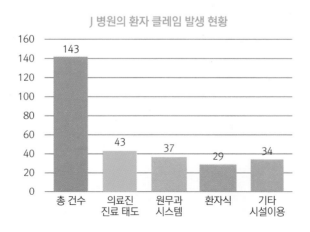

2. 문서 표현의 시각화

직장 업무 중 많은 비중을 차지하는 것이 문서와 관련된 일들이다. 하지만 어떤 문서는 무엇을 의도하고 있는지 그 내용을 파악하기 어려운 경우를 볼 수 있다. 그 이유는 문장의 길이가 길 뿐 아니라 내용도 중구난방으로 나열되어 요점을 파악하기 어렵기 때문이다. 결국 좋은 문서란 그 내용이 보는 사람에게 효과적으로 전달될 수 있는 것을 의미한다.

(1) 문서 표현의 시각화

문서를 구성하는 방법은 아래와 같이 크게 3가지로 나눌 수 있다.

① **차트 표현** : 개념이나 주제 등을 타나내는 문장 표현. 통계적 수치 등을 한눈에 알아 볼 수 있게 표현하는 것

② **데이터 표현** : 수치를 표로 나타내는 것

③ **이미지 표현** : 전달하고자 하는 내용을 그림이나 사진 등으로 나타내는 것

이러한 3가지의 표현방법은 문서를 보다 효과적으로 나타내기 위한 시각화 방법으로, 간결하게 잘 표현된 그림 한 장이 한 페이지의 긴 글보다 훨씬 효과적이다.

 [그림 5-2] **문서 표현의 시각화**

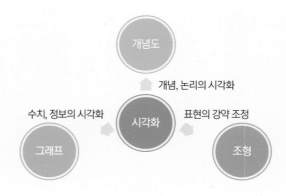

(2) 문서를 시각화하는 4가지 포인트

① 시각자료는 보기 쉬워야 한다.

② 이해하기 쉬워야 한다.

③ 다채롭게 표현되어야 한다.

④ 숫자는 그래프로 표시한다.

(3) 전달력을 높여주는 인포그래픽

인포그래픽이란, 정보를 뜻하는 Information과 그림/시각적 형상을 의미하는 Graphic 이라는 단어를 합친 합성어로, 복잡하게 글로 되어 있는 문서 자료를 시각화해 표현한 자료를 의미한다.

[그림 5-3] **인포그래픽이 효과적인 이유**

- 우리 뇌로 들어오는 정보들 중 90%는 시각적이다.
- 우리 뇌에서는 시각적 정보가 문자 정보보다 60,000배나 빨리 처리된다.
- 40%의 사람들은 텍스트 정보보다 시각적 정보에 더 빠른 반응을 한다.

93%의 인간의 소통은 말을 사용하지 않는다.

사람들이 텍스트보다 시각적 정보를 읽을 확률이 30배 더 높다.

[그림 5-4] **인포그래픽의 효과**

이해력 ▲

정보를 누구나 알기 쉽게 표현함으로써 이해력을 높일 수 있습니다.

설득력 ▲

데이터의 숫자와 메시지를 픽토그램이나 도표 등을 통해 강조하고 설득력을 높일 수 있습니다.

전달력 ▲

방대한 정보를 빠르게 전달할 수 있으며, 전달하고자 하는 메시지를 최대한 부각하여 어느 정도 시간이 지나도 시각적으로 각인시키는 장점을 갖고 있습니다.

이렇게 인포그래픽은 정보를 전달의 목적 외에도 마케팅 및 홍보를 하는 데에도 널리 쓰이고 있다. 그럼 인포그래픽은 왜 이렇게 효과적인 것일까? 경영대학으로 세계적으로 유명한 와튼 스쿨(Wharton School of Business)의 한 연구에 따르면, 위와 같은 결론을 내렸다.

👁 **문장으로 작성한 문서의 내용을 인포그래픽으로 이해하기 쉽게 표현한 사례**

미래를 함께 하는 따뜻한 금융이란?

'금융의 힘으로 세상을 이롭게 한다.'는 신한금융그룹의 미션으로, 상품, 서비스, 자금운용 등에서 과거와는 다른 방법, 새로운 환경에 맞는 새로운 방식을 추구하여 '고객'과 '신한', 그리고 '사회'의 가치가 함께 커지는 상생의 선순환 구조를 만들어가는 것을 의미합니다.

[출처] [인포그래픽] 프리젠테이션(PT) 미생에서 완생으로! 인포그래픽 입문 A to Z|작성자 눈썹미남

Level up Mission Step 1

앞의 문장 형태의 문서 내용과 인포그래픽을 활용해 만들어진 문서 중 어느 쪽이 알아보기 쉬운 가? 그 이유는 무엇일까?

_____

_____

_____

_____

_____

_____

_____

3. 문서 사례

(1) e-mail

SNS의 기능이 다양화되면서 간단한 의사 전달은 SNS를 이용해 업무를 보고 비즈니스 커뮤니케이션을 하는 경우가 일상화되었지만, 아직도 비즈니스 문서 및 상세한 업무 내용을 전달할 경우에는 아직까지 이메일을 사용하는 것이 일반적이다.

① 구성요소

e-mail은 크게 4가지 틀로 구분된다. 메일을 보내는 목적을 설명하는 도입부와 핵심내용을 담은 본문, 상대에게 기대하는 요청사항, 그리고 맺음말로 나뉜다.

- **제목은 간결하면서도 명확하게**

  제목엔 메일 내용을 짐작할 수 있을만큼 명확하고도 간략하게 요약한다.

- **센스있는 첫 인사로 기분좋게**

  날씨나 이슈, 상대의 안부를 묻는 정도로 가볍게 시작하면 상대에게 좀 더 부드러운 인상을 전달할 수 있다.

- **한 문장은 너무 길지 않게**

  특히 스마트폰, 태블릿 PC 등으로 이메일을 확인하는 경우도 있으므로 문장은 길지 않고 쉽게 작성한다.

- **정보를 제공할 때는 정확하게**

  정보를 제공할 때는 마지막에 깔끔하게 정리해주는 것이 좋다. 일시나 장소 등 한 눈에 알아볼 수 있도록 정리해준다.

- **요청은 명확하게**

  의사결정 사항, 협조 방법, 답변 요령 등 바라는 바를 명확하게 정리한다.

- **필요한 정보는 확실하게**

  - 이미지가 필요한 경우 잊지 말고 꼭 첨부하며, 필요한 경우 한눈에 보일 수 있도록 메일 안에 그림을 삽입하여 보낸다. 첨부파일을 보낼 경우 이를 잊어버리고 또 다시 보내는 경우가 있는데 꼼꼼히 체크하도록 한다.
  - 첨부파일이 여러 개인 경우 첨부파일의 개수와 파일 제목 등을 기재해 전달 항목을 정확히 명시한다.

  첨부파일 [첨부파일] 1. 제안서 2. 참고이미지 zip파일 3. 프로필(총 3개)

- **서명은 반드시 포함한다.**

  - 메일 마지막에는 자신을 알리는 서명을 반드시 포함해야 한다. 자신의 소속 · 직함 · 연락처가 포함된 서명을 추가함으로써 상대방이 따로 연락처를 찾아 볼 필요를 덜어준다.

[출처] 다이퀘스트. 신뢰도 높이는 비즈니스 이메일 작성요령 수정 발췌

② 메일 사례

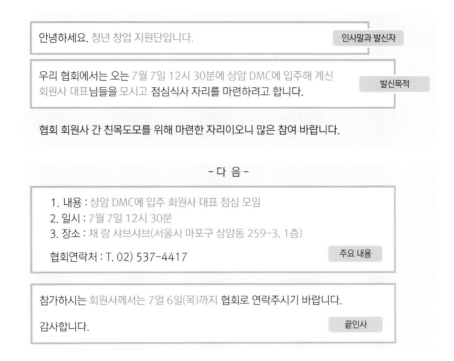

안녕하세요. 청년 창업 지원단입니다. 　　　　　　　　인사말과 발신자

우리 협회에서는 오는 7월 7일 12시 30분에 상암 DMC에 입주해 계신
회원사 대표님들을 모시고 점심식사 자리를 마련하려고 합니다. 　　발신목적

협회 회원사 간 친목도모를 위해 마련한 자리이오니 많은 참여 바랍니다.

- 다 음 -

1. 내용 : 상암 DMC에 입주 회원사 대표 점심 모임
2. 일시 : 7월 7일 12시 30분
3. 장소 : 채 랑 샤브샤브(서울시 마포구 상암동 259-3, 1층)

협회연락처 : T. 02) 537-4417 　　　　　　　　　　주요 내용

참가하시는 회원사께서는 7얼 6일(목)까지 협회로 연락주시기 바랍니다.

감사합니다. 　　　　　　　　　　　　　　　　　　끝인사

(2) 회의록

회의록은 회의가 이루어지는 장소에서 나오는 핵심안건, 결론, 행동사항, 스케줄, 책임자 정보 등 모든 내용을 작성하는 문서를 말한다. 회의록은 결정된 사항을 증명하고 기록할 수 있기 때문에 중요 회의 때는 꼭 작성하는 것이 좋다.

작성자는 전반적인 내용의 흐름을 신속하게 이해할 수 있는 사람이 좋으며, 회의 내용을 잘 분석하고 객관적으로 내용을 기재할 수 있는 사람으로 선정해야 한다.

회의록 작성법은 특별히 정해져 있는 것은 아니지만 토의된 중요한 내용과 결정된 사항들을 알맞은 형식을 갖추어 정확하게 기록해야 한다.

① 회의록 기재사항

• 회의의 정식 명칭과 회의의 종류(정기총회, 임시총회)
• 개회 일시 및 장소

- 출석회원 수 및 성명
- 부의 안건과 그 내용
- 각종 보고사항 및 보고서
- 의제가 된 안건^(또는 동의)의 제출자와 그 내용
- 발언자와 그 요지
- 표결 수와 의결 사항
- 지난번 회의록의 낭독 여부와 승인 여부
- 회의록 작성자의 성명

② 회의록 양식

회의록

일시 및 참석자

| *일시 :* | 2017/7/7 오후 2시 | *장소 :* | OO회의실 |

참석자 : A팀 김OO 부장, 이OO 대리 / B팀 박OO차장 / C팀 양OO팀장

회의 안건

안건 1 :

안건2 :

회의 내용

안건 1 :
-
-

안건2 :
-
-

향후 계획	담당자	완료일정
1	김OO 부장	2017/12/25
2	이OO 대리	2017/12/31
3	박OO 차장	2018/1/10
기타사항		

학습평가 Quiz

① 다음은 어떤 문서에 대한 설명인가?

모임이 이루어지는 장소에서 나오는 핵심안건, 결론, 행동사항, 스케줄, 책임과 정보 등 모든 내용을 작성하는 문서를 말한다.

① 기획서   ② 보고서
③ 회의록   ④ 일지

② 다음 중 문서작성의 주의사항에 해당하지 않는 것은?

① 문서는 육하원칙에 의해 쓴다.

② 문서는 한 사안을 한 장의 용지에 작성해야 한다.

③ 문서내용 중 금액, 수량, 일자 등의 기재에 정확성을 기하도록 한다.

④ 문서의 작성 시기는 크게 중요하지 않다.

③ 다음 중 문서를 구성하는 대표적인 방법에 해당하지 않는 것은?

① 차트 표현 : 개념이나 주제 등을 타나내는 문장표현, 통계적 수치 등을 한눈에 알아볼 수 있게 표현하는 것

② 문자 표현 : 서술식의 문자로 이해가 쉽게 설명하는 것

③ 데이터 표현 : 수치를 표로 나타내는 것

④ 이미지 표현 : 전달하고자 하는 내용을 그림이나 사진 등으로 나타내는 것

④ 다음은 무엇에 들어가야 하는 내용을 설명한 것인가?

- 회의의 정식 명칭과 회의의 종류(정기총회, 임시총회)
- 개회 일시 및 장소
- 출석회원 수 및 성명
- 부의 안건과 그 내용
- 각종 보고사항 및 보고서
- 의제가 된 안건(또는 동의)의 제출자와 그 내용
- 발언자와 그 요지
- 표결 수와 의결 사항
- 지난번 회의록의 낭독 여부와 승인 여부
- 회의록 작성자의 성명

⑤ 효과적인 문서적성의 Tip을 적으시오.

학습내용 요약 Review (오늘의 Key Point)

1 문서작성의 원칙

① 문장은 짧고 간결하게 작성한다.
② 상대방이 이해하기 쉽게 쓴다.
③ 한자의 사용을 자제한다.
④ 긍정문으로 작성한다.
⑤ 간단한 표제를 붙인다.
⑥ 간결체로 작성한다.
⑦ 문서의 주된 내용을 먼저 작성한다.

2 문서를 구성하는 3가지 방법

① 차트 표현 : 개념이나 주제 등을 타나내는 문장표현, 통계적 수치 등을 한눈에 알아볼 수 있게 표현하는 것
② 데이터 표현 : 수치를 표로 나타내는 것
③ 이미지 표현 : 전달하고자 하는 내용을 그림이나 사진 등으로 나타내는 것

3 문서를 시각화하는 4가지 포인트

① 시각자료는 보기 쉬워야 한다.
② 이해하기 쉬워야 한다.
③ 다채롭게 표현되어야 한다.
④ 숫자는 그래프로 표시한다.

4 e-mail 의 구성요소

① 제목은 간결하면서도 명확하게
② 센스있는 첫 인사로 기분좋게
③ 한 문장은 너무 길지 않게
④ 정보를 제공할 때는 정확하게
⑤ 요청은 명확하게
⑥ 필요한 정보는 확실하게
⑦ 서명은 반드시 포함한다.

5 회의록

회의록은 회의가 이루어지는 장소에서 나오는 핵심안건, 결론, 행동사항, 스케줄, 책임자 정보 등 모든 내용을 작성하는 문서를 말한다. 회의록은 결정된 사항을 증명하고 기록할 수 있기 때문에 중요 회의 때는 꼭 작성하는 것이 좋다.

NCS
의사소통
능력

Part

3

경청능력

NCS
의사소통
능력

Chapter

6

Chapter 6
경청능력

1. 경청의 개념과 중요성
2. 경청의 방해요인
3. 경청능력 향상방안

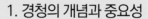

Learning Objectives

1. 경청의 개념과 중요성을 설명할 수 있다.
2. 올바른 경청을 하는데 방해를 하는 10가지 습관을 설명할 수 있다.
3. 효과적인 경청방법 7가지에 대해 설명할 수 있다.

한나라의 주인을 결정지은 경청의 중요성

중국 최초의 황제 진시황제가 세상을 떠난 뒤 천하의 주인이 되고자 최후까지 치열한 싸움을 벌였던 두 사람은 바로 초나라 귀족 출신의 항우와 패현 출신의 백수건달 유방이었다. 8년 동안 유방과의 대결에서 백전백승한 항우. 천운은 항우에게 기우는 듯 해보였다.

그러나 그들의 운명을 바꾼 한 마디는 바로 동의를 구하는 물음 "어떠냐(何如)?"와 의견을 구하는 물음 "어떻게 하지(如何)?"였다. 항우는 전투에서 승리한 뒤 참모들에게 "어떠냐(何如)?"는 동의만을 구했고, 유방은 모든 전투에 앞서 "어떻게 하지(如何)?"라고 물으며 참모들의 의견을 먼저 들었다.

이렇듯 경청이 최고의 전략이었던 유방의 진가는 8년 후가 되어서야 비로소 나타나기 시작한다. 두 사람의 운명을 결정지을 마지막 승부인 기원전 202년 해하전투에서 였다. 이 때 유방의 참모진들은 특별한 작전 하나를 내놓는다. "곳곳에 군사를 매복시키고 항우를 유인하라." "그 다음, 겹겹이 둘러싸 군량과 원조를 끊어지게 한 뒤, 혼란에 빠트려라." 이러한 유방의 작전에 항우는 결국 패한다.

그 후, 패현 출신의 백수건달이었던 유방은 천하제일의 항우를 꺾고, 한나라의 왕이 되어, 한고조로 역사에 기억된다. 이처럼 경청은 과거에도, 그리고 21세기 지식경쟁시대에도 최고의 전략 도구로 쓰인다고 할 수 있다.

[출처] http://rheee0729.tistory.com/84 Brave David 블로그 中에서 내용 수정

6장에서는 경청의 개념과 중요성에 대해 살펴볼 것이며, 경청의 방해요인도 함께 학습한다. 또한 경청능력을 향상시키기 위한 방법을 학습해본다.

1 다음은 경청에 대한 설명이다. 잘못된 것은?

① 경청이란 다른 사람의 말을 주의 깊게 들으며, 공감하는 능력이다. 경청은 대화의 과정에서 당신에 대한 신뢰를 쌓을 수 있는 최고의 방법이다.

② 우리가 경청하면 상대는 본능적으로 안도감을 느끼고, 경청하는 우리에게 무의식적인 믿음을 갖게 된다.

③ 자기 말을 경청해주는 사람을 좋아하기도 하고, 싫어하기도 한다.

④ 경청을 하면 상대방은 매우 편안해져서, 말과 메시지, 감정이 아주 효과적으로 전달하게 된다.

2 다음 중 경청의 특성에 해당되지 않는 것은?

① 수동적   ② 노력과 집중 필요

③ 심리적   ④ 자발적인

3 다음 중 적극적 경청 기법이 아닌 것은?

① 환언   ② 요약

③ 명료화   ④ 피드백

1. 경청의 개념과 중요성

20여 년 간 미국 토크쇼의 전설인 오프라윈프리는 자신의 성공비결이 초대 손님의 이야기를 공감하며 듣는 경청에 있다고 한다. 그녀는 상대방이 이야기를 다할 때까지 참았다가 자기가 할 말은 제일 마지막에 꺼낸다. 그리고 상대방이 말할 때 눈을 맞추고, 고개를 끄덕이거나 메모하기도 하며, 때로는 상대방의 말을 더 이해하기 편한 말로 바꾸어 표현하기도 한다.

(1) 경청의 개념

청취에는 듣기와 경청이 있다. 듣기(hearing)는 음파가 뇌의 신경을 자극하여 소리를 신체적으로 받아들이는 생리적 활동과 무의식적인 과정이다. 이와 달리 경청(listening)은 심리적이고 다발적인 과정이며, 이해, 분석, 평가와 반응을 포함한다.

경청이란 다른 사람의 말을 주의 깊게 들으며, 공감하는 능력이다. 경청은 대화의 과정에서 신뢰를 쌓을 수 있는 최고의 방법이다. 상대가 경청하면 우리는 본능적으로 안도감을 느끼고, 경청하는 우리에게 무의식적인 믿음을 갖게 된다. 자신에게 정말로 중요한 문제를 이야기하고 있는데, 상대방이 건성으로 들으며 아무 말 없이 앉아있기만 했다는 것을 알게 된다면 얼마나 서운하겠는가? 자기 말을 경청해주는 사람을 싫어하는 사람은 이 세상에 없을 것이다.

[표 6-1] 듣기와 경청의 비교

듣기 (hearing)	경청 (listening)
무의식적, 본능적	자발적인
수동적	능동적
생리적(physiological)	심리적(psychological)
의식적 노력 불필요	노력과 집중 필요

(2) 경청의 중요성

미국 메사추세츠주 웰슬리대학의 심리학자 C. 클라인케 박사 연구팀은 자신이 이야기하는 시간이 상대방의 33%, 50%, 67%일 때, 상대방이 어느 정도 호감을 갖는지를 조사하는 실험을 했다. 그 결과 상대방에게 이야기를 많이 하게 할수록, 다시 말해 자신은 듣는 역할을 해주고 33%만 이야기할 때, 상대방이 가장 호감을 갖는다는 사실이 밝혀졌다. 상대방의 이야기를 경청할수록 나에 대한 호감도가 높아진다는 것이다. 이렇듯 경청은 우리 삶의 중요한 영역에 큰 영향을 미친다. 친구 사이의 신뢰, 가족 간의 친밀감, 업무의 효율성이 듣는 능력에 달려 있다.

"성공하는 사람과 그렇지 못한 사람의 대화 습관에는 뚜렷한 차이가 있다. 그 차이점이 무엇인지 단 하나만 꼽으라고 한다면, 나는 주저 없이 "경청하는 습관"을 들 것이다. 우리는 지금껏 말하기, 읽기, 쓰기에만 몰두해 왔다. 하지만 정작 우리의 감성을 지배하는 것은 '귀'다. 경청이 얼마나 중요한 능력인지, 그리고 우리가 어떻게 경청의 힘을 획득할 수 있는지 알아야 한다." 라고 스티븐 코비는 [성공하는 사람들의 7가지 습관]에서 경청의 중요성을 강조했다.

[표 6-2] 경청의 비밀 8가지

경청의 비밀 8가지	
1. 역지사지	상대방의 입장에서 생각하라.
2. 상대방의 요구 이해	상대방이 무엇을 원하는지 간파하라.
3. 공감하기	아군이라는 인식을 심어주어라.
4. 눈 맞추기	눈은 마음의 창이다.
5. 고개 끄덕이기	수긍은 공감이다.
6. 관심과 흥미 보이기	사람은 관심을 보이는 사람에게 관심을 가진다.
7. 공감하는 언어 표현하기	"네", "그렇지요", "당연하지요"
8. 상대방의 말을 재진술하기	앵무새가 되어 반복하라.

[출처] 〈EBS 다큐프라임 설득의 비밀〉. EBS제작팀·김종명, 2009

(3) 적극적 경청

적극적 경청(active listening)은 다른 사람이 말하는 것에 집중하고 메시지에 근거한 내용, 정서와 느낌의 이해를 확인하는 것으로 목적을 가지고 듣는 것이다. 적극적 경청을 잘하는 사람은 핵심사항을 찾아내려고 노력하며, 단순히 듣는 것이 아니라 그 말의 동기와 의도에 대해서도 생각한다. 그러기 위해서 말하는 사람의 비언어적인 부분(목소리의 음색, 얼굴표정, 제스처 등)까지도 잘 읽어내는 것도 적극적 경청의 일부라고 할 수 있다.

하지만 경청은 지적인 노력을 요구하고 전적으로 정신력의 집중을 필요로 하기 때문에 그리 쉬운 일이 아니다. 따라서 상대방의 입장에서 생각하려고 노력하면서 감정이 이입될 때, 현재 일어나고 있는 의사소통에서 무엇이 이야기 되고 있는가를 주의 깊게 경청하므로 적극적 경청은 용이해진다.

[표 6-3] 적극적 경청기법

기법	목적	방법	사례
환언	듣고 있는 것을 보여주고, 느낌의 이해를 보여준다.	수신한 정보를 자신의 단어로 재진술한다.	~라는 말씀이지요?
질문	더 많은 정보를 구한다.	질문한다.	귀하는 신제품 아이디어를 어떻게 찾나요?
요약	중요한 아이디어와 사실을 결합한다.	주요 생각과 느낌을 재진술, 제시와 요약한다.	이것들이 핵심 아이디어로 보입니다.
명료화	들은 메시지를 화자에게 확인한다.	모호한 표현을 질문한다. 잘못된 해석을 재진술한다.	귀하의 생각은 제품의 감성적 편익인거죠?
장려	말을 계속하도록 한다.	다양한 음성을 사용한다.	그것에 관심이 있죠. 예, 알지요. 그렇죠.
균형	화자가 그 자신의 느낌을 평가하도록 돕는다.	질문한다.	귀하는 불편하게 인식했나요?

[출처] 〈비즈니스 커뮤니케이션〉, 유순근 저, 무역경영사, 2016, p.203

사례 : 적극적 경청

R호텔 양식당의 이 캡틴은 적극적 경청에 대한 교육 후 배운 내용을 실습해보고 싶어 김 지배인과 대화를 시도해봤다. 적극적 경청을 가르쳐준 오 박사는 상대방의 마음을 여는 가장 좋은 방법은 질문을 하는 것이라고 했다. 이 캡틴은 그가 알려준 질문법을 되새겼다.

이 캡틴 : 지배인님, 이렇게 부서교육자의 역할도 하시면서 얼마 전 유럽 소믈리에 대회에서 1등을 하시다니 정말 대단하시다는 생각을 했습니다. 시간도 많지 않으셨을텐데 꿈을 위한 열정이 매니저님을 탁월하게 이끌어가는 것처럼 보입니다.

김 지배인 : 이 캡틴, 제 꿈이 뭔지 아세요?

이 캡틴 : 세계 최고의 소믈리에가 되는 것 아닌가요?

김 지배인 : 맞기도 하고, 틀리기도 합니다.

김 지배인의 얼굴에 오랜만에 화색이 돌았다. 이 캡틴은 온몸의 신경을 지배인의 입술과 표정, 태도에 집중하면서 한 마디도 놓치지 않으려고 혼신의 힘을 다 기울이고 있었다. 이 캡틴의 태도는 상대가 스스로 자기 얘기를 꺼내놓을 수 있는 분위기를 만들어 주었다. 온몸으로 집중해서 들어주는 사람이 앞에 있다면 누군들 흥이 나지 않겠는가.

김 지배인 : 제 꿈은 세계 최고의 소믈리에가 아닙니다. 우리나라 고유의 와인을 대량생산하여 외국에 수출하는 것이 바로 제 꿈이에요.

뜻밖의 얘기가 지배인의 입에서 흘러 나왔다. 이 캡틴은 오 박사 덕분에 중요한 대목을 다시 묻곤 하는 버릇이 생겼다. '말하는 사람은 되물어 주는 것을 좋아한다. 상대가 자신에게 집중하고 있다는 것을 확인할 수 있기 때문이다.'

이 캡틴 : 우리나라 고유의 와인을 대량생산해서 외국으로 수출한다고요? 복분자주 같은 거 말씀이십니까?

이 캡틴의 질문에 지배인은 더욱 열심히 설명하기 시작했다. 이 캡틴은 지배인의 말에 고개를 끄덕였다. 중간에 메모도 잊지 않으며 분명하게 이해가 되지 않는 부분은 다시 물었다.

[출처] 〈경청〉, 조신역·박현진, 위즈덤하우스, 2007, p.108~111, 내용 수정

2. 경청의 방해요인

강의실에서 수업을 듣고 있다가 교수님과 얼굴을 마주쳤을 때, 교수님이 "A학생, 자네 생각은 어떤가?"하고 질문을 던진다. 앞에 내용을 흘려들었던 A학생은 "네?"라고 반문하거나 한눈판 것을 감추면서, "네, 저도 그렇게 생각합니다."라고 얼버무리는 대답을 할 것이다. 자신의 강의를 경청하고 있지 않았다는 걸 알았을 때 교수님은 어떤 마음이 들겠는가? 이와 같은 상황처럼 올바른 경청을 하는 데 있어서 방해가 되는 경청의 방해요인 10가지는 다음과 같다.

① 짐작하기

상대방의 말을 듣고 받아들이기보다 자신의 생각에 들어맞는 단서들을 찾아 자신의 생각을 확인하는 것을 말한다. 짐작하고 넘겨짚으려고 하는 사람들은 상대방의 목소리 톤이나 얼굴 표정, 자세 등을 지나치게 중요하게 생각한다. 이들은 상대방이 하는 말의 내용은 무시하고 자신의 생각이 옳다는 것만 확인하려 한다. 교수님이 "학생은 부모님께 용돈 받아 쓰니 좋겠다."라고 말하면, 학생은 '내가 내 힘으로 용돈을 벌어 쓰지 않고 부모님께 의존하는 마마보이라는 건가?'라고까지 지레 짐작한다.

또 다른 예로 감기에 걸려 표정이나 목소리가 좋지 않은 여자친구에게 "내가 조금 늦었다고 화가 나서 성의 없게 말하는 거야?"라고 지레 짐작한다면 대화는 처음부터 어려워질 것이다.

② 대답할 말 준비하기

처음에는 상대방의 말을 듣고 곧 자신이 다음에 할 말을 생각하기에 바빠서 상대방이 말하는 것을 잘 듣지 않는 것을 말한다. 결국 자기 생각에 빠져서 상대방의 말에 제대로 반응할 수가 없다. 예를 들어, 면접장에서 순서대로 자기소개를 시킨다면 자신의 차례에 말할 내용을 생각하느라 말하는 사람의 이야기를 경청하지 않는 경우를 들 수 있다.

③ 걸러내기

상대의 말을 듣기는 하지만 상대방의 메시지를 온전하게 듣는 것이 아닌 경우이다. 상대방이 분노나 슬픔, 불안에 대해 말하는 것을 들어도 그러한 감정을 인정하고 싶지 않다거나, 또는 회피하고 싶다거나 무시하고 싶을 때 자기도 모르는 사이에 상대방이 아무 문제도 없다고 생각해버린다. 걸러내기는 듣고 싶지 않은 것들을 막아버리는 것을 말한다. 흔히 상대방과 다툴 때 본인이 듣고 싶은 것만 듣고 믿고 싶은 것만 믿는 경우를 들 수 있다.

④ 판단하기

상대방에 대한 부정적인 판단 때문에, 또는 상대방을 비판하기 위해 상대방의 말을 듣지 않는 것을 말한다. 당신이 상대방을 어리석고 고집이 세다거나 이기적이라고 생각한다면, 당신은 경청하기를 그만두거나 듣는다고 해도 상대방이 이렇다는 증거를 찾기 위해서만 귀를 기울일 것이다.

⑤ 다른 생각하기

상대방에게 관심을 기울이는 것이 점차 더 힘들어지고 상대방이 말을 할 때 자꾸 다른 생각을 하게 된다면, 이는 현실이 불만족스럽지만 이러한 상황을 회피하고 있다는 위험한 신호이다.

예를 들어, 남편은 최근 아내가 수강하는 취미클럽 활동에 대해 말할 때마다 다른 생각을 했다. 사실 그는 아내가 취미 활동을 하는 것에 대해 못마땅하게 생각하고 있었기 때문에 부인이 신나서 이야기할 때마다 다른 생각을 하면서 자신의 감정을 드러내지 않았던 것이다. 그러나 이렇게 표현하지 못하는 부정적인 감정이 밑바닥에 깔려 있어 시도 때도 없이 고개를 내밀기 때문에 상대방은 오해받고 공격받는다는 느낌을 갖게 된다.

⑥ 조언하기

어떤 사람들은 지나치게 다른 사람의 문제를 본인이 해결해 주고자 한다. 당신이 말끝마다 조언하려고 끼어들면 상대방은 제대로 말을 끝맺을 수 없다. 올바른 해결책을 찾고 모든 것을 제대로 고치려는 당신의 욕구 때문에 마음을 털어놓고 이야기하고 싶은 상대방의 소박한 바람이 좌절되고 만다. 이야기를 들어주기만 해도 상대방은 스스로 자기의 생각을 명료화하고 그 사이에 해결책이 저절로 떠오르게 된다.

남편이 아내에게 직장에 대한 좌절과 낙담을 털어놓자 "당신은 윗사람 다루는 기술이

필요해요. 당신 성격에도 문제가 있어요. 당신 자신을 개조하기 위해 성격 개선 프로그램을 신청해서 참여해봐요."라고 지체 없이 퍼붓게 되면 남편이 진실로 원했던 것, 즉 서로 공감하고 잠시 우울하고 싶었던 욕구가 좌절된다. 이러한 대화가 매번 반복된다면 상대방은 무시당하고 이해받지 못한다고 느끼게 되어 다른 사람에게 마음의 문을 닫아버리게 된다.

⑦ 언쟁하기

단지 반대하고 논쟁하기 위해서만 상대방의 말에 귀를 기울이는 것이다. 상대방이 무슨 말을 하든 자신의 입장을 확고히 한 채 방어한다. 언쟁은 문제가 있는 관계의 전형적인 의사소통 패턴이다. 이런 관계에서는 상대방의 생각을 전혀 들을 생각이 없기 때문에 어떤 이야기를 해도 듣지 않게 된다. 상대방이 무슨 주제를 꺼내든지 설명하는 것을 무시하고 상대방의 생각과는 다른 자신의 생각을 장황하게 자기 논리대로 늘어놓는다. 지나치게 논쟁적인 사람은 상대방의 말을 경청할 수 없다.

⑧ 옳아야만 하기

자존심이 강한 사람은 자존심에 관한 것을 전부 막아버리려 하기 때문에 자신의 부족한 점에 대한 상대방의 말을 들을 수 없게 된다. 당신은 자신이 잘못했다는 말을 받아들이지 않기 위해 거짓말을 하고, 고함을 지르고, 주제를 바꾸고, 변명을 하게 된다.

⑨ 슬쩍 넘어가기

대화가 너무 사적이거나 위협적이면 주제를 바꾸거나 농담으로 넘기려 한다. 문제를 회피하려 하거나 상대방의 부정적인 감정을 회피하기 위해서 유머를 사용하거나 핀트를 잘못 맞추게 되면 상대방의 진정한 고민을 놓치게 된다.

⑩ 비위 맞추기

상대방을 위로하기 위해서 혹은 비위를 맞추기 위해서 너무 빨리 동의하는 것을 말한다. 그 의도는 좋지만 상대방이 걱정이나 불안을 말하자마자 "그래요, 당신 말이 맞아", "미안해, 앞으로는 안할거야"라고 말하면, 지지하고 동의하는데 너무 치중함으로써 상대방에게 자신의 생각이나 감정을 충분히 표현할 시간을 주지 못하게 된다.

Level up Mission

주어진 대화를 읽고 다음 [Tip]의 '대화를 방해하는 12가지 주범' 중에서 어떤 내용에 해당하는지 자신의 의견을 이야기해보자.

김간호사 : (속상해서 흐느끼며) 오늘 정말 속상한 일이 있었어. A병실의 B보호자가 나에게 버럭 화를 내면서 병실이 너무 춥다고 하는거 있지. 놀라서 온도계를 보니 적정온도였어. 저번에도 말도 안되는 핑계로 나에게 뭐라고 했는데...왜 자꾸 나에게 그러는지 모르겠어...정말 속상하다.

이간호사 : 속상해하면 뭐가 해결되니? 내 생각에는 너의 뚱뚱한 외모 때문인거 같아. 원래 사람들은 살찐 사람들을 좀 만만하게 보는 경향이 있어. 이참에 살도 빼고 자기관리 잘해서 이번과 같은 상황을 개선해보는 게 어때?

 Tip

앞서 '경청을 방해하는 10가지'를 살펴보았는데, 추가로 이보다 좀 더 넓은 범위에 대해 살펴보고자 한다. 토마스 고든이 포괄적인 목록을 작성하여 그것들을 '대화를 방해하는 12가지 주범'이라고 이름 붙였다. 여기에 포함되는 반응들은 다음과 같다.

1. 비판하기
상대방의 행동이나 태도에 대해 부정적으로 평가하는 반응을 말한다. "다 네가 자초한 일이야. 너는 이 지경으로 만든 게 너 말고 누구겠니." 같은 말이 여기에 해당한다.

2. 인신공격
상대방을 무시하거나 부정적으로 규정하는 반응이다. "이런 멍청이." "꼭 여자애처럼." "이 대머리야." "너 같은 보수주의자들은 다 똑같아." "당신도 어쩔 수 없이 미련한 인간이야."

3. 진단하기
자신이 아마추어 정신과 의사가 되어 상대방이 왜 그렇게 행동하는지 분석하는 반응이다. "네 속이 훤히 들여다보인다." "내 성질을 돋우려고 이러는거 다 알고 있어." "네가 대학 좀 다녔다고 나보다 잘났다는 거야?"

4. 평가형 칭찬

다른 사람의 행동이나 태도를 긍정적으로 판단해서 이야기하는 반응이다. "넌 정말 착한 애야. 오늘 잔다밭 청소하는 거 도와줄 거지?"

5. 명령하기

자신이 원하는 것을 다른 사람에게 시키는 반응이다. "지금 당장 숙제부터 해." "왜라니? 하라면 할 것이지."

6. 위협하기

시키는 대로 하지 않으면 안 좋은 일이 생길 거라고 경고함으로써 상대방을 제압하는 반응이다. "네가 그 일을 안 하면..." "당장 조용히 하지 않으면 반 전체가 오늘 집에 못 갈 줄 알아."

7. 훈계하기

설교하듯이 상대방이 어떻게 해야 하는지 말해주는 반응이다. "이혼하면 안 돼. 애들이 어떻게 될지 생각해 봐." "그 사람한테 네가 사과해야 돼."

8. 지나치거나 부적절한 질문

단답형 대답을 요구하는 폐쇄형 질문이 대표적이다. "언제 그랬는데?" "네가 한 일이 후회되니?"

9. 충고하기

상대방이 겪고 있는 문제의 해결책을 제시하는 방식이다. "나 같으면 그 사람한테 쏘아붙이겠다." "그건 간단한 문제잖아. 먼저..."

10. 화제 돌리기

다른 이야기를 꺼내서 상대방의 문제를 제쳐버리는 반응이다. "너무 심각하게 생각하지 마. 좀 재미있는 이야기나 해보자." "그건 고민도 아니야. 내가 당한 일 좀 들어볼래?"

11. 논리적 언쟁

감정은 무시한 채 객관적 사실이나 논리만으로 상대방을 설득하려는 반응이다. "현실을 똑바로 보세요. 당신이 차를 새로 안 샀으면 그 집 계약금은 낼 수 있었잖아요."

12. 위안하기

상대방이 겪고 있는 부정적인 감정을 털어버리도록 유도하는 반응이다. "걱정할 것 없어. 동트기 전이 가장 어둡다고 하잖아." "다 잘 풀릴 거야."

[출처] 〈어떻게 말할까〉, 로버트 볼튼 저, 한진영 역, 페가수스, 2016, p.39~40

사 례

인기 작가이며 칼럼니스트였던 짐 비숍은 언젠가 자신을 짜증나게 하는 것들 중 한 가지는 자신의 안부를 물으면서도 자신의 대답은 듣지 않는 사람들이라고 했다. 특히 그 가운데 상습범이 하나 있었다. 그래서 짐은 그가 얼마나 남의 말을 흘려듣는지 시험해보기로 했다.

그래서 어느 날 아침 그 남자가 짐에게 전화를 해서는 늘 하던 대로 말을 시작했다.

"안녕하세요, 잘 지내시죠?"

짐은 이렇게 이야기했다.

"그런데, 내가 폐암에 걸렸다네."

"참 잘 되었네요, 그런데...."

짐은 자신의 추측이 맞았다는 확증을 얻을 수 있었다. 데일 카네기는 1,500만 부나 팔린 그의 저서 〈카네기 인관관계론〉이란 책에서 이 점을 아주 적절하게 언급했다.

'남의 관심을 끌려면, 남에게 관심을 가져라.' 카네기는 또한 이렇게 덧붙였다. "상대방이 대답하기 좋아하는 질문을 하라. 그들 자신이 이룩한 성취에 대하여 말하도록 하라. 당신과 대담하고 있는 상대방은 당신이나 당신의 문제보다는 자신의 희망이나 자신의 문제에 백배나 더 관심이 많다는 사실을 명심해라. 사람은 본래 100만 명을 희생시킨 중국의 기근보다 자신의 치통이 더 중요한 법이다. 아프리카에서 발생하는 40번의 지진보다 자신의 목전의 이익을 더 소중하게 여긴다. 대화를 시작할 때는 이 점을 꼭 명심하라."

[출처] 〈대화의 신〉, 래리 킹 저, 강서일 역, 위즈덤하우스, 2015, p.72

 3. 경청능력 향상방안

우리가 대화를 할 때 진실한 감정과 태도를 전하는 것은 어렵다. 그러나 경청함으로써 상대방의 심정과 감정, 태도를 전달받는 것이 가능하고, 그 과정에서 자신의 생각과 느낌도 상대방이 이해하려고 노력하게 된다.

적극적 경청의 태도에는 상대가 무엇을 느끼고 있는가를 상대의 입장에서 받아들이는

공감적 이해가 중요하고, 자신이 가지고 있는 고정관념을 버리고 상대의 태도를 받아들이는 수용의 정신, 자신의 감정을 솔직하게 전하고 상대를 속이지 않는 성실한 태도가 필수적이다.

적극적 경청을 위해서는 ① 비판적 · 충고적인 태도를 버리고, ② 상대방이 말하고 있는 의미 전체를 이해하며, ③ 단어 이외의 표현에도 신경을 쓰고, ④ 상대방이 말하고 있는 것에 반응하며, ⑤ 감정을 흥분시키지 않는 것 등이 중요하다. 적극적 경청은 커뮤니케이션의 기본적인 태도이므로 관리 · 감독자를 대상으로 대인능력 향상 프로그램으로 채택되는 일이 많다.

(1) 좋은 경청이란

대다수의 사람들이 말하고, 읽고, 쓰는 것보다 듣는 데 더 많은 시간을 보내고 있다. 하루 24시간 가운데 45%는 듣는 것에, 30%는 말하는 것에, 16%는 읽는 것에, 9%는 쓰는 것에 사용한다. 또한 대다수의 사람들은 20~25%의 효율성을 가지고 들으며 듣는 내용의 50%는 즉시 잊혀진다.

경청에는 '듣다, 관찰하다, 초점을 맞추, 집중하다, 주의하다, 귀를 기울이다'와 같은 단어들이 포함된다. 즉, 경청을 잘한다는 것은 단순히 잘 듣는(Hearing) 것만이 아닌 말하는 사람의 생각을 듣는 사람이 잘 이해하고 있다는 의미이다.

사람들은 읽기를 할 때 읽은 내용을 이해하기 위해서 필요한 만큼 몇 번이고 단어들을 반복하게 된다. 그러나 듣기를 할 때는 들은 내용을 이해하기 위해 다시 들을 수 없다. 그러므로 효율적으로 들어야 하는데, 이것은 적극적인 수행을 요구한다.

경청을 하는 사람은 화자에게 듣기를 원해야 하고, 화자가 발표하는 내용은 경청자에게 중요한 지식이라고 믿어야 한다. 즉, 경청자는 화자가 발표하는 것에 항상 동의하는 것은 아니지만 충분히 이해하도록 하기 위해 항상 마음을 열어두고 있어야 한다.

좋은 경청은 화자와 상호작용하고, 말한 내용에 관해 생각하며, 무엇을 말할지 기대하는 것을 의미하기 때문에 경청자는 자신이 들은 내용을 정신적으로 요약해야 한다. 그러므로 좋은 경청자가 되기를 원한다면 화자에게 집중할 수 있는 자기 트레이닝이 필요하다.

[표 6-4] 좋은 경청과 나쁜 경청

경청의 방법	좋은 경청	나쁜 경청
흥미유발	상대의 말을 자신의 상황에 적용시키며 관심을 가짐.	상대의 이야기가 지루해서 화제를 돌림.
대화내용의 판단	상대의 작은 실수에 연연하지 않고 전체적인 흐름을 중요시함.	상대의 습관이나 권위·외모 등으로 내용을 평가함.
감정표현	상대방을 최대한 이해하며 필요한 경우 조심스럽게 질문함.	논쟁을 하려 함.
전체 흐름 파악	이야기의 핵심을 파악하려 함.	핵심을 파악하지 못하고 다른 것에 관심을 기울임.
융통성	다양한 측면에서 상황을 판단하려고 함.	한 가지에만 집착하는 경향이 있음.
대화 집중력	상대에게 집중함.	산만하게 움직임.
마인드 컨트롤	분량이 많거나 이해하기 힘든 내용이라도 관심을 보이려고 노력함.	분량이 많거나 이해하기 힘든 부분을 회피하려 함.
열린 마음	감정적 현상에 쉽게 동요되지 않음.	감정에 쉽게 동요됨.
의미 전달	상대방이 전달하려는 내용과 주제를 파악하고자 함.	대화 도중 딴 생각을 하며 많이 움직임.

[출처] 〈비즈니스 커뮤니케이션〉, 박상희 저, 대왕사 2015, p.155

(2) 효과적인 경청방법

상대방과 의사소통을 하거나 프레젠테이션을 할 때 필요한 정보를 얻기 위해서 많은 내용을 듣고 이해하는 것은 중요한 것이다. 다음에 소개하는 기법은 적극적인 경청자가 되기 위해서 필요한 것들이다.

① 준비한다

수업시간이나 강연에 참가하면 수업계획서나 강의계획서를 나누어준다. 이때 올바른 경청을 하려면 강의의 주제나 강의에 등장하는 용어에 친숙하도록 하기 위해 미리 읽어 두어야 한다.

② 집중한다

말하는 사람의 모든 것에 집중해서 적극적으로 들어야 한다. 말하는 사람의 속도와 말을 이해하는 속도 사이에 발생하는 간격을 메우는 방법을 학습해야 한다.

③ 예측한다

대화를 하는 동안 시간 간격이 있으면, 다음에 무엇을 말할 것인가를 추측하려고 노력한다. 이러한 추측은 주의를 집중하여 듣는데 도움이 된다.

④ 나와 관련짓는다

상대방이 전달하려는 메시지가 무엇인가를 생각해보고 자신의 삶, 목적, 경험과 관련시켜 본다. 자신의 관심이라는 측면에서 메시지를 이해하면 주의를 집중하는 데 도움이 될 것이다.

⑤ 질문한다

질문에 대한 답이 즉각적으로 이루어질 수 없다고 하더라도 질문을 하려고 하면 경청하는데 적극적이 되고 집중력이 높아진다.

⑥ 요약·메모한다

대화 도중에 주기적으로 대화의 내용을 요약 후 메모하면 상대방이 전달하려는 메시지를 이해하고, 정보를 예측하는데 도움이 된다.

⑦ 반응한다

피드백은 상대방이 말한 것에 대해 당신이 이야기하고, 질문을 던져 이해를 명료화하고 난 다음에 하는 것이다. 피드백은 상대방에 대한 당신의 지각이 옳았는지 확인할 수 있는 기회로서 오해가 있었다면 고칠 수 있도록 해준다. 또한 당신이 하는 피드백은 상대방에게 자신이 정확하게 의사소통을 하였는가에 대한 정보를 제공할 뿐만 아니라, 상대방이 당신의 관점을 받아들일 수 있도록 해준다.

반응을 하는 데는 세 가지 규칙이 있는데, 피드백의 효과를 극대화시키려면 즉각적이고, 정직하며, 지지하는 자세여야 한다는 것이다. 즉각적이라 함은 시간을 낭비하지 않는 것이다. 상대방의 말을 이해했다고 생각하자마자 다시 말하기를 통해 명료화하고, 바로 당신의 피드백을 주는 것이 좋다. 시간이 갈수록 영향력은 줄어든다.

정직함은 당신이 느끼는 진정한 반응뿐만 아니라, 조정하고자 하는 마음, 또는 보이고 싶지 않은 부정적인 느낌까지 보여주어야 함을 의미한다. 예를 들어, 당신이 상대방에게 잘못했다고 생각하고 위협을 느낀다면 이러한 것까지 솔직하게 피드백을 할 수 있어야 한다.

지지함은 당신이 정직하다고 해서 잔인해서는 안 된다는 것이다. 부정적인 의견을 표현할 때도 상대방의 자존심을 상하게 하거나 약점을 이용하거나 위협적인 표현 방법을 택하는 대신에 부드럽게 표현하는 방법을 발견할 필요가 있다. 이러한 쌍방적 의사소통은 말하는 사람에게 중요한 피드백이 되고, 듣는 사람 역시 좋은 듣기 기술을 연습하는데 도움이 된다.

 사 례

경청하며 대화의 맥을 짚어라

어린이집의 김교사는 이번 부모 참여수업에 대한 기획안을 제출했다. 서류를 받아 든 원장선생님의 표정이 심각하게 굳었다.

원장선생님 : 이번 참여수업은 좀 더 구체적이고 체계적으로 준비해야 할 것 같군요.

김교사 : 왜요?

원장선생님 : (김교사의 질문에 어이없다는 듯이 되물으며) 김선생님은 요즘 뉴스도 안보나요?

김교사 : 예?

원장선생님 : 요즘 버스운행 안전사고가 빈번하게 발생해서 큰 이슈가 되고 있는데, 이렇게 안전지침이나 예방책에 관한 내용이 체계 없이 안내되어서야 되겠나 이말이에요!

김교사 : 아무래도 요즘 어린이집 관련 사고로 부모님들께서 걱정이 많아서 이런 부분을 해소할 만한 내용을 모색해볼 계획이며....

뒤늦게 원장선생님의 의중을 알아챈 김교사는 그 점을 자신도 감안했다고 변명했지만, 이미 대화의 첫 단추는 잘못 끼운 뒤였다. 김교사는 원장선생님이 처음 말문을 열었을 때 무턱대고 "왜요?"라고 되묻지 말았어야 한다. 아무리 짧은 순간이라도 상사가 무슨 의도로 그런 말을 하는지 제대로 파악하고 대꾸했다면 뉴스도 안 보는 사람 취급을 당하진 않았을 것이다.

사회생활을 하면서 누군가의 호감을 얻으려면 듣는 귀가 밝아야 한다. 올바른 경청자의 역할은 상대의 이야기를 놓치지 않고 듣는 데서 출발한다. 그래야 이야기의 전체 맥락을 파악하고 핵심을 꿰뚫어볼 수 있다.

[출처] 〈성공한 1% 리더들의 고품격대화〉, 신영란 저, 평단, 2016, p.194, 내용 수정

1 다음 중 경청의 방해요인이 아닌 것은?

① 슬쩍 넘어가기　　　　　　　　② 짐작하기

③ 비위맞추기　　　　　　　　　　④ 침묵하기

2 다음은 적극적 경청 기법 중 어떤 것에 해당하는가?

듣고 있는 것을 보여주고, 느낌의 이해를 보여주는 것으로 "~라는 말씀이지요?"와 같은 사례를 들 수 있다.

① 질문　　　　　　　　　　　　　② 환언

③ 요약　　　　　　　　　　　　　④ 명료화

3 다음 중 경청의 비밀에 해당되지 않는 것은?

① 역지사지　　　　　　　　　　　② 공감하기

③ 메모하기　　　　　　　　　　　④ 고개 끄덕이기

4 다음은 경청의 중요성에 대한 설명이다. (A), (B), (C)에 들어갈 적당한 말을 적으시오.

경청을 함으로써, 상대방을 한 개인으로 (A)하게 된다. 경청을 함으로써, 상대방을 (B) 마음으로 대하게 된다. 경청을 함으로써, 상대방의 입장에 (C)하며 이해하게 된다.

• (A) – (　　)　　　　　• (B) – (　　)　　　　　• (C) – (　　)

5 적극적 경청(active listening)이란 무엇인가?

_____

_____

_____

1 경청이란 다른 사람의 말을 주의 깊게 들으며, 공감하는 능력이다.

2 적극적 경청(active listening)은 다른 사람이 말하는 것에 집중하고 메시지에 근거한 내용, 정서와 느낌의 이해를 확인하는 것으로 목적을 가지고 듣는 것이다.

3 경청의 방해요인 10가지는 ① 짐작하기, ② 대답할 말 준비하기, ③ 걸러내기, ④ 판단하기, ⑤ 다른 생각하기, ⑥ 조언하기, ⑦ 언쟁하기, ⑧ 옳아야만 하기, ⑨ 슬쩍 넘어가기, ⑩ 비위 맞추기이다.

4 적극적 경청을 위해서는 ① 비판적·충고적인 태도를 버리고, ② 상대방이 말하고 있는 의미 전체를 이해하며, ③ 단어 이외의 표현에도 신경을 쓰고, ④ 상대방이 말하고 있는 것에 반응하며, ⑤ 감정을 흥분시키지 않는 것 등이 중요하다.

5 효과적인 경청방안으로는 ① 준비한다, ② 집중한다, ③ 예측한다, ④ 나와 관련짓는다, ⑤ 질문한다, ⑥ 요약·메모한다, ⑦ 반응한다 등이 있다.

NCS
의사소통
능력

Chapter

7

Chapter 7
질문과 피드백

1. 바람직한 질문의 조건
2. GROW 모델
3. 효과적인 피드백 방안

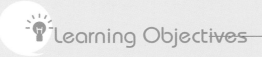 Learning Objectives

1. 바람직한 질문의 조건을 설명할 수 있다.
2. 질문과 피드백을 위한 GROW 모델을 설명할 수 있다.
3. 효과적인 피드백 방안에 대해 설명할 수 있다.

질문과 피드백의 힘

볼링장에서 게임을 시작할 준비를 하고 있는 당신 모습을 떠올려 보라. 당신이 공을 던질 때마다 핀 위의 전등이 꺼지는 상황이 발생되고 있다. 당신은 핀들이 쓰러지는 소리를 듣지만 얼마나 많은 핀들이 쓰러졌는지는 볼 수가 없다. 주변을 둘러보지만 아무것도 볼 수 없자, 당신은 소리친다.

"이봐요, 핀 위의 불이 꺼져 있어서 내가 어느 핀들을 쓰러뜨렸는지 볼 수가 없어요." 핀이 있는 곳 근처에서 "핀이 두 개가 서 있습니다."라는 응답이 돌아온다. 당신은 "어느 핀 두 개가 서 있습니까?"라고 묻지만 잘 모르겠다는 대답만 돌아올 뿐이다. 선택의 여지가 없는 당신은 다시 볼 수 없는 핀들을 향해 공을 던지지만 핀이 쓰러지는 소리를 듣지 못한다.

잠시 후에 전등이 다시 들어오고 당신은 핀들이 하나도 쓰러지지 않은 것을 보게 된다. 당신은 "차라리 잘됐군."하며 두 번째 프레임을 준비한다. 당신이 공을 던지자, 핀 위에 있는 전등이 다시 꺼진다. 화가 난 당신은 소리친다.

"이봐요, 전등을 켜든지 아니면 내게 상황이 어떻게 되었는지 말해 주시겠어요?"

당신이 이러한 상황에서 두 시간 동안 볼링을 계속 친다고 가정해보자. 제아무리 선수라 할지라도 그리 좋은 결과를 기대하지 못할 것이다. 그 이유는 당신이 피드백을 받지 못하기 때문이다. 당신은 자신의 행동 하나하나의 결과를 보지 못했기 때문에, 수행을 효과적으로 교정할 수가 없을 것이다.

인간 행동을 연구하는 심리학자들은 피드백이 높은 수준의 수행을 지속시키기 위해 가장 필요한 것 중의 하나라는 사실을 오래전에 발견하였다. 위의 사례는 컬럼비아 대학교 교수였던 퍼디낸드 F. 퍼니스(Ferdinand F. Fournies)의 〈리더를 위한 코칭스킬〉에 나오는 피드백과 관련한 것이다.

[출처] 〈탁월한 리더는 피드백이 다르다〉, 김상범 저, 호이테북스, 2015, p.67

7장에서는 적극적인 의사소통방법인 질문을 통하여 대화를 깊이 있게 만드는 방안을 학습한다. 또한 의사소통에서 효과적인 피드백을 통해 정보전달이 잘 이루어졌음을 확인할 수 있는 적절한 피드백 방안을 학습한다.

1 다음 중 바람직한 질문의 조건에 해당되지 않는 것은?

① 미래지향적   ② 긍정적

③ 개방적   ④ 주관적

2 다음은 피드백의 네 가지 유형 중에서 무엇에 관한 설명인가?

적극적 피드백으로 바람직한 행동이나 결과에 대해 이야기하여 지지, 격려한다. 이 영향으로 상대방의 자신감을 높이고 동기를 강화시킨다. 성과가 향상된다.

① 조언   ② 강화

③ 비난   ④ 침묵

3 다음 중 효과적인 피드백 방안에 해당되지 않는 것은?

① 기억한다   ② 설명한다

③ 계획한다   ④ 개방한다

1. 바람직한 질문의 조건

'질문'은 앞 장에서 다룬 '경청'에 이어 상대방과의 의사소통을 활발하게 하기 위한 중요하고도 적극적인 행동이다. 우리는 늘 별 생각 없이 누군가와 이야기를 주고받는 일상적인 대화를 하고 살고 있다. 그러나 사실 우리는 상대방의 질문 능력을 의외로 엄격하게 평가하는 편이다. 질문은 그 사람의 수준과 능력을 드러낸다. 뻔하고 흥미 없는 질문만 하는 사람을 굳이 만나고 싶지 않을 것이다. 질문을 잘하는 사람은 핵심을 찌르는 포인트에 집중한다.

(1) 미래지향적이고 긍정적인 질문

질문은 과거에 있었던 상황에 대해 묻는 과거형 질문과 미래에 예상되는 상황에 대해 질문하는 미래형 질문이 있다. 그리고 같은 상황에 대해서 부정적으로 질문하는 부정형 질문과 동일한 상황이라도 관점을 긍정적으로 바꾸어 묻는 긍정형 질문이 있다. 바람직한 질문은 미래지향적이고 긍정적인 질문이다.

① 과거형 질문보다 미래형 질문이 효과적

과거형 질문은 하다보면 대부분의 사람들은 감정적으로 반응하며 변명이나 핑계를 댄다. 나의 잘못이 아님을 강조하고 싶은 것이다. 그러나 해결책을 제시하는 데는 관심이 없다. 자기 자신을 방어하는 데 급급하기 때문이다. 그러나 미래형 질문은 사람들이 미래의 희망적인 해결책을 찾도록 한다. 그리고 제시한 해결책을 위한 자신이 앞으로 무엇을 해야 할 지를 생각하도록 한다. 사례「과거형 질문 Vs 미래형 질문」은 유치원 원장과 교사 간의 대화이다. 과거형 질문과 미래형 질문의 차이를 살펴보자.

② 부정형 질문보다 긍정형 질문이 효과적

과거형 질문과 마찬가지로 부정형 질문을 하면 상대방은 자신에게 잘못이 있음을 지적 당하고 있다고 생각한다. 그래서 자신의 잘못이 아님을 표현하고자 방어적이거나 회피하는 태도를 보이게 된다. 반면에 긍정형 질문은 미래형 질문과 마찬가지로 상대방 스스로 희망적인 해결책을 찾도록 노력하게 만든다. 또한 질문을 던진 상대방에 대해 긍정적인 반응을 보이게 되어 상호 간에 긍정적인 방안을 찾게 된다.

 사례 : 과거형 질문 vs 미래형 질문

 과거형 질문

원장 : 김 선생님, 지난번에도 학부모와 언성이 높아진 적이 있지 않았나요? 그때는 무엇 때문이었지요?

김교사 : 규리 어머님께서 제 얘기를 들어보지도 않고 짜증부터 내시더라고요. 제가 어리다고 무시하는 것 같다는 생각이 들어 저도 짜증이 나더라고요.

원장 : 평상시에는 차분하고 현명한 사람인데 도대체 그때는 왜 그랬어요?

김교사 : 규리 어머님과 신뢰가 쌓일 정도의 교류가 없었던 것도 이유인 것 같습니다.

미래형 질문

원장 : 김 선생님, 앞으로는 학부모님과 어떻게 지내는 게 좋겠어요?

김교사 : 학부모님의 의견을 잘 들어주고 신뢰를 쌓아 나가는 것이 중요하겠습니다.

원장 : 지난번과 같은 실수를 반복하지 않기 위해서 무엇을 할 수 있을까요?

김교사 : 학부모님과 대화를 할 때 제 감정을 잘 조절해야 될 것 같습니다. 그리고 무엇보다 상황을 공감하고 문제해결을 위한 방안도 함께 찾아보는 게 필요할 것 같습니다.

[출처] 〈비즈니스 커뮤니케이션〉, 이재희·최인희 저, 2014, 한올, p.89, 내용 수정

(2) 개방적이고 중립적인 질문

질문을 할 때는 상대방의 생각과 의견을 묻는 개방적인 질문을 하는 것이 좋다. '당신의 의견은 무엇인가? 당신은 왜 그렇게 생각하는가?' 등과 같이 묻는 것이 상대방이 넓은 범위에서 생각해볼 수 있기 때문에 서로에게 더 유익한 대화를 나눌 수 있게 된다. 반대로 '예, 아니오'로 답할 수 있는 폐쇄형 질문을 하게 되면 상대방의 생각의 폭이 그만큼 좁아지게 되며 서로에게 아쉬움이 남는 대화가 된다.

이 외에도 다양한 질문의 유형을 다음 [그림 7-1]에서 살펴보자.

 [그림 7-1] **다양한 질문의 유형**

개방형 질문(Open Questions)
- 아침에 무엇을 드셨습니까?
- 오늘 미팅에서 잘된 점은 무엇인가요?

폐쇄형 질문(Closed Questions)
- 아침 식사 하셨습니까?
- 오늘 미팅은 잘 진행된 것 같으십니까?

중립적 질문(Neutral Questions)
- 오늘 회의는 어디서 하는 것이 좋을까요?
- 이유를 알기 위해서 할 수 있는 방법은 어떤 것 들이 있을까요.

유도 질문(Value-Loaded Questions)
- 오늘 저녁은 한식당이 어떨까요?
- 이유를 알기 위해서 오정주 교수님을 모셔 보면 어떨까요?

대안 탐색형 질문(Possibility-Searchig Questios)
- 이번 시험에서 목표점수를 달성하기 위해서 어떻게 해야 할까요?
- 내가 무엇을 도와주면 될까요?

책임추궁형 질문(Accountability-Searchig Questions)
- 이번 성적이 왜 이렇게 저조해?
- 왜 리포트 제출마감 시간을 넘긴거지?

Level up Mission

아래 표의 질문의 유형에 맞는 예시를 한 가지씩 더 적어보고 이야기 나누어보자.

바람직한 질문	문제해결로 가는 질문	• 어떻게 하면 이 일을 좀 더 잘할 수 있을까? • 이 일을 끝내기 위한 노하우와 자원을 누가 갖고 있을까? • 누가 다른 아이디어를 갖고 있을까? • ( )
	정보를 구하는 질문	• 이것에 대해서 어떻게 생각하는가? • 이 상품의 경쟁력은 어떤 장점에서 생기는가? • 이 책의 저작권은 누구에게 있는 것인가? • ( )
바람직하지 않은 질문	변명을 하게 만드는 질문	• 왜 과제를 제시간에 끝내지 못했는가? • 왜 나에게 미리 보고하지 않았는가? • 회의시간 공지가 늦어졌는가? • ( )
	수치감을 느끼게 하는 질문	• 도대체 무슨 생각을 한 것인가? • 어떻게 그런 생각을 할 수가 있는가? • 지금 그 내용을 말하는 것이 적절한 때라고 생각하는가? • ( )

2. GROW 모델

(1) Goal : 목표 정하기

질문과 피드백은 목표가 분명히 정해진 '목적지향적 대화'이어야 하며, 그것은 우리가 스스로 원하는 목표이어야 한다. 또한 상대방이 모호하고 분명하지 않은 목표를 이야기 할 때에는 SMART 목표설정규칙에 맞춰 설정한다.

〈이 단계에서 유용한 질문〉

• 당신이 진정으로 이루고 싶은 것은 무엇인가?

• 대화를 통해서 해결하고 싶은 주제는 무엇인가?

• 만약에 그것이 이루어졌다면 무엇을 보고 알 수 있을까?

• 목표가 이루어졌다면 당신의 삶에 무슨 의미가 있을까?

• 목표를 이루었다면 어떤 결과를 예상하는가?

 [표 7-1] SMART 목표설정규칙

SMART 목표설정규칙	
• Specific 구체적인	• Measurable 측정가능한
• Agreed 합의된	• Realistic 현실적인
• Time Phased 시간이 정해진	

(2) Reality : 현실 파악하기

목표를 정했다면 다음 단계는 그 목표의 어디쯤에 자신이 있는지 현실 파악하기이다. 현실을 검토하여 우리 눈앞에 놓인 일에서 한 걸음 뒤로 물러나서 상황을 보다 객관적으로 검토할 수 있는 여유를 갖는 것이다. 주제를 둘러싼 현실적 요소들에 대해 서로가 어떤 연관성을 갖는지에 대한 통찰을 얻을 수 있다.

〈이 단계에서 유용한 질문〉

• 지금까지 목표를 이루기 위해 무엇을 했는가?

• 목표를 이루는데 힘든 장애물이나 애로사항이 있는가?

• 당신이 가지고 있는 자원은 무엇인가?

• 그 자원 외에 당신이 필요한 것은 무엇인가?

• 구체적으로 현재 상황에 대해 설명해 줄 수 있는가?

(3) Options : 대안찾기

이전의 단계에서 얻어진 내용을 바탕으로 새롭게 무엇을 시도해보면 좋을지에 대한 아이디어를 생각해 본다. 현실에 맞지 않는 것도 떠오를 수 있으나 그런 것에 연연해하지 말고 창의적인 아이디어도 찾아보자. 그 후에 흐름상 자연스러운 대안이자 다양한 아이디어를 담고 있는 대안을 표현해 본다.

〈이 단계에서 유용한 질문〉

• 지금 구체적으로 세울 수 있는 대안은 무엇이 있는가?

• 다른 사람들은 당신과 같은 상황에서 어떻게 할까?

• 새롭게 시도해보고 싶은 일이 있다면 무엇인가?

• 대안들의 장점과 단점을 무엇인가?

• 과거를 통해서 배운 점은 무엇인가?

(4) Will : 실행의지

다양한 대안들을 생각했다면 이제는 대안들을 정리하고 계획을 세워야 한다. 무엇을 할지 실행계획을 구체화하고 언제까지 어떤 방식으로 이루어갈 것인지에 대해서도 결정해야 한다. 이때 실행 가능하고 실행하기 쉬운 것부터 하면 좋다.

〈이 단계에서 유용한 질문〉

• 당신은 무엇을 구체적으로 어떻게 할 것인가?

- 실행계획을 세운다면 무엇이 있을까?
- 목표가 이루어졌다면 그것의 측정기준이나 방식은 무엇인가?
- 다른 고려해야 할 것이 있는가?
- 누군가의 도움이 필요한가?

 [그림 7-2] **GROW 모델 프로세스**

Level up Mission

아래 [상황]을 읽고 앞서 학습한 GROW 모델에 맞추어 주어진 상황에 할 수 있는 질문을 완성해 보자.

[상황]

취업진로에 대해 고민하던 졸업생 학생이 교수님께 찾아가 조언을 구하는 상황이다. 여러분이 교수님이라면 GROW 모델에 맞추어 어떻게 대화를 이끌어갈지 아래의 표를 참고하여 학생에게 할 수 있는 질문을 완성해보자.

Goal 목표 정하기	
Reality 현실 파악하기	
Options 대안찾기	
Will 실행의지	

3. 효과적인 피드백 방안

(1) 피드백의 개념 및 기능

　피드백(feedback)이란 용어는 2차 세계대전 당시에 미국 공군에서 적을 효과적으로 제거하기 위해 사용됐던 전술용어에서부터 시작되었다. 적군에게 폭탄을 떨어뜨리려면 파일럿에게 정확하게 선로정보를 주어야 했다. 이때 조정, 교정에 해당되는 단어가 바로 오늘날 우리가 흔히 쓰고 있는 '피드백'이다. 현대 사회에서는 일을 끝내고 그것에 대한 평가를 하여 앞으로 비슷한 일을 했을 때 실수가 반복되는 것을 방지하며, 더 좋은 결과를 얻기 위하여 사용되고 있다.

　즉, 피드백은 행동이나 아이디어, 성과 등에 대하여 정보 및 의견을 전하는 것이다. 예를 들어, 학교에서 과제를 하거나 회사에서 프로젝트를 맡았을 때 지금까지 진행한 일을 교수님이나 상사 등에게 보여준다고 가정해보자. 이때 지금까지 자신이 한 일을 보여주며 교수님과 상사 등에게 어떻게 생각하냐고 물을 때 그들이 객관적인 의견을 내놓는 것을 피드백이라고 할 수 있다.

　이와 같이 피드백은 앞으로의 개선에 의지를 둔 미래지향적인 활동이라고 할 수 있다. 그저 상대방의 의견을 듣는 것이 아니라 현재까지의 자신의 행동이나 성과에 대해 되돌아보고 개선하도록 촉진할 수 있다.

(2) 피드백의 유형

　피드백은 크게 강화, 조언, 침묵, 그리고 비난의 네 가지 유형으로 나누어 볼 수 있다. 각 피드백 유형별 개념과 영향은 다음의 [표 7-2]와 같다.

[표 7-2] 피드백의 4가지 유형

구분	개념	영향
강화	적극적 피드백으로 바람직한 행동이나 결과에 대해 이야기하여 지지, 격려한다.	상대방의 자신감을 높이고 동기를 강화시킨다. 성과가 향상된다.
조언	기대에 미치지 못하는 행동이나 결과에 대해 이를 개선, 보완하기 위한 방법을 권유하거나 제시한다.	행동을 교정하고 성과를 향상시킬 수 있다.
침묵	아무런 반응을 하지 않는다.	자신감이 떨어지고 불안감을 초래한다.
비난	기대에 미치지 못하는 행동이나 결과에 대해 규명하고 지적하고 질책한다.	변명이나 핑계, 저항을 가져온다. 행동이나 성과를 왜곡한다. 상황을 회피한다. 관계를 악화시킨다.

[출처] 〈비즈니스 커뮤니케이션〉, 이재희·최인의 저, 한올, 2014. p.104

각 피드백의 유형별 예시를 들어보면 다음과 같다.

① 강화 : "이번에 제출한 과제를 보니 외국기업의 사례까지도 다양하게 있어서 좋았네. 졸업시험 준비도 바빴을텐데 과제까지 이렇게 열심히 준비하다니 고생 많았네. 수고했어."

② 조언 : "이번에 제출한 과제를 보니 최근의 사례보다는 과거 사례가 많아 보이네. 수정작업할 때는 최근의 사례로 대체하는 것도 좋겠네."

③ 침묵 : "음…"

④ 비난 : "아니, 시간을 그렇게 많이 줬는데 아직까지 이것밖에 못하다니…자네는 도대체 뭘 하고 돌아다니는건가? 이래서야 어떻게 좋은 평가를 해줄 수 있겠어?"

(3) 효과적인 피드백 방안

피드백을 줄 때에는 비판이나 충고부터 하려고 들지 말고 문제를 개선하는데 초점을 맞춰야 한다. 야단을 치거나 화를 내는 것은 피드백이 아니다. 그것은 단순히 감정의 표출일 뿐이다. 피드백은 감정이 아니라 이성적이어야 한다. 그리고 사람이 아닌 행동을 지

적하라. 그 행동이 어떤 지장을 초래했는지 구체적으로 묘사하라. 피드백을 받는 상대방이 효율적인 대안을 스스로 제시할 수 있도록 유도하라. 〈곽숙철의 혁신이야기〉에서 제시한 다음의 효과적인 4가지 피드백 방안을 살펴보자.

① 기억하라(Remember)

자신 앞에 벌어진 일이 한 사람의 책임 때문이라는 생각이 들어 그를 비난하고 있다면 당장 그 비난을 멈추고 이 말을 기억하라. "최대한 긍정적으로 생각하라." 이 짧은 문장을 통해 우리는 상대방이 처음에는 선의가 있었다는 사실을 기억할 수 있다. 또한 자기 안에 내재된 '과실 편향성'에 대해 돌아볼 여유가 생긴다. 별 것 아닌 것 같지만 이 문장을 되새기는 것만으로도 다음 단계로 나아갈 준비를 마친 것이다.

② 설명하라(Explain)

직원에게 잘못을 따지기 전에 그가 왜 그런 행동을 하는지 그 이유를 5가지 정도 생각해보라. 직원 개인의 잘못을 '포함하지 않는' 시나리오 말이다. 조직문화 때문에 이런 결과가 나온 것은 아닐까? 무언가 그 직원에게 영향을 미칠 만한 일이 발생한 건 아닐까? 아니면 긴장한 탓에 그런 것은 아닐까?

③ 질문하라(Ask)

직원에게 피드백을 할 때 자신이 생각한 직원의 좋은 의도에 대해 언급한 뒤 이유를 물어보라. 예컨대, 미팅 시간에 집중하지 못한 직원에게 이렇게 말할 수 있다. "지난 미팅 때 무언가를 생각하는 것 같던데, 어떤 생각을 했는지 공유해준다면 좋겠어요."

④ 계획하라(Plan)

함께 원인을 분석하고 해결 방안을 찾아라. 앞의 예에서 직원이 미팅 때 집중하지 못한 이유가 리더의 의사소통 방식을 따르는 데 어려움이 있었던 것이라면, 그 문제를 해결하기 위해 함께 찾은 방법은 결국 직원의 몫이 아니라 리더의 몫이다.

 서로의 관계를 원만하게 하는 4A 법칙

상대방과 대화할 때 질문과 피드백을 주고 받다보면 의도하지 않게 서로 마음이 상하는 경우가 있다. 아래의 '서로의 관계를 원만하게 하는 4A 법칙'을 생각하며 대화한다면 효과적인 질문과 피드백을 할 수 있을 것이다.

1. Accept 상대방의 이야기를 우호적으로 받아들여라.

2. Adapt 그렇군요! 적극적으로 동조하고 긍정적으로 받아들여라.

3. Admire 와, 정말 대단합니다! 상대방의 좋은 점을 인정하고 칭찬하라.

4. Appreciate 도움주신 일 잊지 않겠습니다! 상대방의 호의에 감사를 표하라.

[출처] 〈성공한 1%리더들의 고품격대화〉, 신영란 저, 평단, 2016, p.118

1 다음 중 바람직한 질문에 해당되지 않는 것은?

　① 개방형 질문　　　　　　　　② 중립적 질문

　③ 유도 질문　　　　　　　　　④ 대안탐색형 질문

2 다음 중 피드백의 유형에 속하지 않는 것은?

　① 조언　　　　　　　　　　　② 강화

　③ 질문　　　　　　　　　　　④ 침묵

3 다음 중 GROW 대화모델에 해당되지 않는 것은?

　① 목표정하기　　　　　　　　② 현실파악하기

　③ 대안찾기　　　　　　　　　④ 반복하기

4 다음은 피드백의 네 가지 유형에 관한 설명이다. 해당되는 개념을 적으시오.

구분	개념
( )	적극적 피드백으로 바람직한 행동이나 결과에 대해 이야기하여 지지, 격려한다.
( )	기대에 미치지 못하는 행동이나 결과에 대해 이를 개선, 보완하기 위한 방법을 권유하거나 제시한다.
( )	아무런 반응을 하지 않는다.
( )	기대에 미치지 못하는 행동이나 결과에 대해 규명하고 지적하고 질책한다.

5 피드백(feedback)이란 무엇인가?

학습평가 Quiz

① 바람직한 질문의 조건은 미래지향적, 긍정적, 개방형, 중립형 등이 있다.

② GROW 대화모델은 ① Goal 목표 정하기 ② Reality 현실 파악하기 ③ Options 대안찾기 ④ Will 실행의지 의 프로세스로 이루어진다.

③ 피드백의 네 가지 유형은 강화, 조언, 침묵, 그리고 비난이다.

구분	개념	영향
강화	적극적 피드백으로 바람직한 행동이나 결과에 대해 이야기하여 지지, 격려한다.	상대방의 자신감을 높이고 동기를 강화시킨다. 성과가 향상된다.
조언	기대에 미치지 못하는 행동이나 결과에 대해 이를 개선, 보완하기 위한 방법을 권유하거나 제시한다.	행동을 교정하고 성과를 향상시킬 수 있다.
침묵	아무런 반응을 하지 않는다.	자신감이 떨어지고 불안감을 초래한다.
비난	기대에 미치지 못하는 행동이나 결과에 대해 규명하고 지적하고 질책한다.	변명이나 핑계, 저항을 가져온다. 행동이나 성과를 왜곡한다. 상황을 회피한다. 관계를 악화시킨다.

④ SMART 목표설정규칙은 Specific (구체적인), Measurable (측정가능한), Agreed (합의된), Realistic (현실적인), Time Phased (시간이 정해진 것)를 말한다.

⑤ 효과적인 피드백 방안 네 가지는 ① 기억하라, ② 설명하라, ③ 질문하라, ④ 계획하라이다.

Part

04 의사표현 능력

NCS
의사소통
능력

Chapter

8

Chapter 8
의사표현의
개념과 중요성

Learning Objectives

1. 의사표현의 개념을 설명할 수 있다.
2. 의사표현의 중요성을 설명할 수 있다.
3. 성공하는 사람들의 의사표현을 설명할 수 있다.

전달의 기술 : 의사표현의 중요성

탄성이 절로 나오는 멋진 의사표현법이 영화 〈해피 플라이트〉에 나온다. 항공회사의 신입 승무원인 아야세 하루키가 기내식을 서비스하던 장면이었다. 소고기와 생선 요리가 있었는데, 너도 나도 소고기만을 찾아 생선만 남게 된 상황, 아야세는 우왕좌왕 어찌할 바를 모르고 있었다.

그때 베테랑 선배가 등장했다. 그녀는 "균등하게 배분했어야지. 자, 봐봐"라고 한마디 던지더니 멋진 전달법을 보여주었다.

"허브를 골고루 얹고, 미네랄이 풍부한 천연 돌소금과 굵은 흑후추를 뿌려 구운 맛있는 흰살생선, 그리고 일반적으로 조리한 소고기가 있습니다."

물론 영화이기 때문에 연출된 장면이긴 하지만, 이렇게 소개하면 아무래도 생선 쪽이 맛있어 보이고 선택하고 싶어진다. 역시 대부분의 승객이 앞다투어 생선을 달라고 말한다. 상대가 좋아하는 것 파악하기 방식을 멋지게 활용한 것이다.

"죄송합니다. 생선만 남아 있어서..."라고 말하면 왠지 남은 음식을 강요하는 듯한 느낌이 들기 때문에 먹고 싶은 마음이 싹 사라진다. 그런데 베테랑 선배처럼 말을 조리해서 표현하면 기꺼이 생선을 선택하고 싶어진다. 이것이 바로 전달법이 가진 힘이다..

[출처] 〈인생이 바뀌는 말습관〉, 사사키 케이이치 저, 황선종 역, 한국경제신문, 2017, p.36

8장에서는 의사표현의 개념과 중요성에 대해 살펴볼 것이며, 성공하는 사람들의 의사표현에 대해서도 학습해본다.

사전진단 self check

1 다음은 의사표현에 대한 설명이다. 잘못된 설명은?

① 의사표현이란 한마디로 말하기이다.

② 의사표현에는 음성으로 표현하는 것과 신체로 표현하는 것이 있다.

③ 의사표현은 현대사회에서 자신을 표현하는 첫 번째 수단으로 매우 중요한 능력이다.

④ 의사표현의 종류에는 공식적인 말하기와 의례적인 말하기가 있고, 친구들끼리의 사적인 대화
는 포함되지 않는다.

2 다음 중 성공하는 사람들의 의사표현에 해당하지 않는 것은?

① 추상적인 표현   ② 공감

③ 자아 존중   ④ 모니터링

3 성공하는 사람의 이미지를 위한 의사표현에 대한 설명이다. 잘못된 것은?

① 부정적인 말을 하면 인생도 부정적으로 될 것이고, 긍정적인 말을 하면 인생도 긍정적으로 될
것이다.

② 상대의 말에 공감을 해야 한다.

③ 항상 공손한 자세로 "미안합니다.", "죄송합니다만"이라는 표현을 자주 써야 한다.

④ 자신의 대화 패턴을 주의 깊게 살펴본다.

1. 의사표현의 개념

　의사표현에는 음성언어와 신체언어가 있는데, 음성언어는 입말로 표현하는 구어이고, 신체언어는 신체의 한 부분인 표정, 손짓, 발짓, 몸짓 따위로 표현하는 몸말을 의미한다. 8장에서는 음성언어로의 의사표현인 말하기에 대해서 살펴보도록 한다. 의사표현이란 말하는 이가 자신의 생각과 감정을 듣는 이에게 음성언어나 신체언어로 표현하는 행위이다.

　'말'이 우리 생활에 미치는 영향이 매우 크기 때문에 제대로 말을 하는 방법에 대한 노력이 그만큼 커지고 있는 것이다.

 신체언어 : 의미있는 손동작

바람직한 손동작

1. 양손을 양옆으로 펼쳐 보인다.
   → 함께, 같이, 모두, 전체의 의미. 청중과 쉽게 친해지는 느낌을 끌어낼 수 있다.
2. 양손을 가슴 아래에서 마주잡는다.
   → 감사함, 소망, 의지, 정성 등의 의미. 공손하고 예의바른 느낌을 전해준다.
3. 양손을 목 높이에서 마주 잡는다.
   → 결심, 단호함, 동참, 투지 등을 나타낸다. 열정에 찬 사람이라는 느낌을 갖게 한다.
4. 양손을 위로 향해 편 다음 배에서 가슴높이까지 올린다.
   → 성장, 향상, 희망을 의미. 진실, 의욕적임, 차분함 등의 느낌을 준다.
5. 오른손을 주먹 쥐고 눈높이까지 올린다.
   → 도전, 결심, 자신감, 의지, 희망, 목표달성을 의미

바람직하지 않은 손동작

1. 만세처럼 양손을 번쩍 드는 동작 또는 양손을 마주잡고 머리 위로 흔드는 동작
   → 주로 유세장에서 정치인들이 하는 제스처로, 비즈니스 현장에서 사용하면 다소 경박하고 선동적인 인상을 줄 수 있다.

2. 뒷짐을 지는 동작

　→ 거만하고 불손한 인상을 갖게 한다.

3. 청중을 향해 주먹을 휘두르거나 삿대질을 하는 동작

　→ 흥분한 상태에서 이 같은 행동을 하는 강연자가 있는데 아주 불경스런 표현이다.

4. 손으로 코나 귀 또는 옷자락을 만지작거리는 동작

　→ 준비가 소홀한 것처럼 보이거나 자신이 없고 소심한 사람처럼 여겨질 수 있다.

[출처] 〈말하기의 정석〉, 하인츠 골트만 저, 윤진희 역, 리더북스, 2006, p.61

　의사표현은 의사소통의 중요한 수단으로 특히, 말하는 이의 의도 또는 목적을 가지고 그 목적을 달성하는데 효과가 있다고 생각하는 말하기를 의미한다. 의사소통의 중요한 수단인 말하기가 사용되는 예를 들면, 첫째, 말하는 이가 듣는 이에게 어떤 영향을 미치기 위하여 주장하는 것이다. 즉, 말하는 이는 듣는 이의 생각을 변화시키려는 의도로 주장하는 것이다. 둘째, 필요한 정보를 제공받기 위하여 질문하는 것이다. 셋째, 어떤 일을 해주도록 요청할 때 하는 것이다.

　의사표현의 종류는 상황이나 사태와 관련하여 공식적인 말하기, 의례적인 말하기, 친교적인 말하기로 구분하며, 구체적으로 대화, 토론, 보고, 연설, 인터뷰, 낭독, 구연, 소개하기, 전화로 말하기, 안내하는 말하기 등이 있다.

　첫째, 공식적인 말하기는 사전에 준비된 내용을 대중을 상대로 말하는 것이다. 공식적인 말하기에는 연설, 토의, 토론 등이 있는데, 연설은 말하는 이 혼자 여러 사람을 대상으로 자기의 사상이나 감정에 관하여 일방적으로 말하는 방식이고, 토의는 여러 사람이 모여서 공통의 문제에 대하여 가장 좋은 해답을 얻기 위해 협의하는 말하기이다. 토론은 어떤 논제에 관하여 찬성자와 반대자가 각기 논리적인 근거를 발표하고, 상대방의 논거가 부당하다는 것을 명백하게 하는 말하기이다.

　둘째, 의례적인 말하기는 정치적·문화적 행사에서와 같이 의례 절차에 따라 하는 말하기이다. 예를 들어 식사, 주례, 회의 등이 있다.

　셋째, 친교적인 말하기는 매우 친근한 사람들 사이에 가장 자연스런 상태에 떠오르는 대로 주고받는 말하기이다.

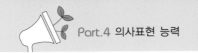
 사 례

전설적인 판매왕 A씨, 그날은 현장에서 신제품 사용법을 직접 보여주며 판매하는 행사가 있었다. 그는 판매 조력자로서 판매장 뒤쪽에 서 있었다. 먼저 후배 판매원이 재미있는 말투로 상품을 소개하며 사람들을 끌어모았고 이윽고 상품이 팔려나가기 시작했다.

그때 유명한 '가격 깎기의 달인'이 나타났다. 후배의 설명을 듣고 제품에 구미가 당겼는지 바로 가격을 깎기 시작했다. 그렇지만 원래 정가에 판매하게 되어 있었기에 "죄송합니다. 가격을 깎아드릴 수는 없습니다."라고 하며 후배 판매원이 도리도리 고개를 저었다. 물론 다양한 곳에서 가격을 깎아왔던 가격 깎기의 달인이었기에 그 정도의 말에 순순히 물러서지 않았다. 제품의 비뚤어진 인쇄 상태를 지적하는 등 다양한 각도로 접근하며 가격을 깎으려고 시도했다.

그때 진땀을 흘리는 후배를 뒤쪽에서 보고 있던 A씨가 슬쩍 앞으로 나섰다. 후배 판매원을 대신해서 상품의 매력을 살짝 다시 설명해줬다. 그리고 주머니에 손을 넣었다가 주먹을 쥔 상태로 꺼내더니, 그 상품에 '보이지 않는 뭔가'를 소중하게 올려놓는 동작을 했다. "어? 뭐지?"하며 가격 깎기의 달인이 상품을 가만히 들여다보았다. 그 순간 판매왕 A씨는 고객에게 이렇게 말했다.

"저의 진심을 더해드렸는데 어떻게 안되겠습니까? 감사합니다!" 이 말을 들은 가격 깎기의 달인은 "이 아저씨, 재미있네. 재미있어."라며 웃음을 터트리고 선뜻 정가에 구매해서 돌아갔다.

[출처] 〈인생이 바뀌는 말습관〉, 사사키 케이이치 저, 황선종 역, 한국경제신문, 2017, p.84

 ## 2. 의사표현의 중요성

　의사표현, 즉 말이 그 사람의 이미지를 결정한다. 우리는 누구나 시인이나 작가가 아니더라도 말을 할 때에, 영상언어를 사용해야 상대가 잘 기억한다는 것은 알고 있을 것이다. 마치 그림을 그리듯이 언어를 이용해서 이미지를 만들어내면, 그 미학적 효과로 인해서 그 말은 살아 있고 좀 더 역동적으로 상대방에게 전달된다는 것이다. 그러나 우리의 말에는 그보다 더한 힘이 감추어져 있다.

　화룡점정(畵龍點睛)처럼 언어로 그리는 이미지로 인해서 우리의 이미지가 형상화될 수 있다. 즉, 우리가 자주하는 그 말로써 우리의 이미지가 결정된다는 것이다. 말로 먹고사는 직업을 택한 사람이 아닐지라도, 자신의 운명을 말과 더불어 하게 된다. 우울증에 걸려서 자살한 사람들의 특징을 아는가? 그들은 말끝마다 '죽고 싶다'를 연발한다. 죽고 싶은 생각이 들어서 우울증에 걸렸는지, 혹은 우울증에 걸려서 죽고 싶은 것인지는 전문가의 견해에 따라야 하겠지만, 문제는 그가 죽고 싶다는 생각을 계속적으로 내비치는 것에 있다. 죽고 싶다는 말을 통해서, 실상 살고 싶다는 마음 속의 인간 본연의 바람이 사라져버리고, 그의 사고를 착각하게 만들고 그의 마음을 병들게 하여 자살하는 것이다.

일반적으로 사람을 판단하는 데에 얼굴을 주로 본다. 그런데 관상가들의 말에 의하면, 관상이라는 것이 그 사람이 어떻게 어떤 마음으로 살아왔느냐에 따라서 조금씩 변한다고 한다. 인색하게 재물만 모을 것 같은 관상도 남에게 베풀고 선행에 앞장서는 행동을 여러 해 동안 하다보면, 후덕하고 온화한 상으로 변한다는 것이다. 그렇다면 우리도 말을 통하여 이미지를 바꾸는 것이 가능할 것이다. 말을 바꿈으로써 자기 자신의 이미지를 성공하는 사람으로 바꾸어보자.

🗨 Level up Mission

아래 [Tip '이기는 말'] 중에서 각각의 '이기는 말'을 현재 내가 사용할 수 있는 '이기는 말'로 바꾸어 표를 완성해보자.

성공하는 사람들의 '이기는 말'	내가 사용할 수 있는 '이기는 말'
나는 당신 말을 경청하고 있습니다.	
그렇군요.	
당신을 존경합니다.	
약속합니다.	
당신 뜻대로 하세요.	
당신이 결정하세요.	

 Tip 성공하는 사람들의 '이기는 말'

성공하는 사람들은 아래에 나오는 '이기는 말'을 사용한다. 다음의 표현들은 모두 화자가 아닌 '청자' 중심이다. 이러한 표현들은 당신이 상대방을 극진히 생각하고 있다는 걸 보여주는 데 도움이 된다.

- 나는 당신 말을 경청하고 있습니다.^(I'm listening)

  이 말은 듣는 사람에 대해 충분히 신경 쓰고 있다는 걸 보여준다. 당신이 자신이 말을 경청하고 있다는 걸 알면 상대는 당신이 자신에게 관심과 권한, 감사의 마음을 주고 있다고 느낀다. 경청은 적극적인 소통 방법이다.

- 그렇군요.^(I hear you)

  이 말은 당신이 청자의 생각에 동의하거나 아니면 적어도 그 생각을 이해하고 있다는 말이다. 받은 메시지를 확인하는 과정에 해당한다.

- 당신을 존경합니다.^(I respect you)

  당신이 동료나 고객에게 줄 수 있는 가장 극진한 칭찬이다. 직장 생활을 하면서 가장 듣고 싶지만 좀처럼 듣기 힘든 말이기도 하다. "나는 당신을 존경한다."는 말을 들으면 청자는 자신이 승자인 것처럼 느끼고, 그런 말을 한 당신도 승자처럼 여긴다.

- 약속합니다.^(My commitment)

  일을 끝마치겠다는 의도를 진지하게 전달할 때 쓰는 말이다. 이 말을 하면, 그 약속에 당신의 평판과 명성을 건 셈이 된다. 그만큼 신중하게 써야 하는 말이기도 하다. 그동안 우리는 깨진 약속과 공허한 맹세들을 너무나 많이 봐왔다.

- 당신 뜻대로 하세요.^(You're in control)

  상대방에게 권한을 주는 말이다. 이 말은 그들이 잃어버렸다고 느끼는 자유를 회복시켜 준다. 당신이 청자에게 주는 통제권은 만성적인 무기력감을 치유하는 약이 된다.

- 당신이 결정하세요.^(You decide)

  이 말은 실행 가능한 통제를 뜻한다. 폭스 뉴스의 대표 로저 아일스가 만든 "우리는 보도하되 결정은 당신이 한다.^(We report, you decide)"라는 문장은 당대의 가장 성공적인 슬로건이 되었다. 폭스는 비평가들로부터 조롱을 당했을지 모르지만, 수백만의 미국인들은 폭스 뉴스를 가장 선호하는 뉴스로 꼽았다.

[출처] 〈Win 이기는 말〉, 프랭크 런즈 저, 이진원 역, 해냄, p.50

3. 성공하는 사람들의 의사표현

(1) 긍정적인 표현

무엇을 보든지 부정적으로 평가를 내리는 사람이 있다. 비평가도 아니면서 아닌 것부터, 부정적인 것부터 말하는 사람이 있다. 선물을 받고 나서도 기뻐하기보다는 마음에 안드는 점을 잡아 탓하기만 하는 어른들이 있다. 이 분들은 십중팔구 아랫사람으로부터 조그마한 선물도 받기 어려운 처지가 될 것이다. 무엇이든지 긍정적으로 말하자. 긍정적으로 말하고 힘이 부족하면 도움을 요청하고, 감사의 말을 하고 더 많이 감사할 일이 있을까를 생각하자. 장미에게 가시가 있어서 아름답다는 것을 생각하고 장미꽃뿐만 아니라 장미꽃 가시에게도 감사하자. 자기 자신이 긍정적으로 변할 때까지 긍정적인 말투를 사용하고, 긍정적인 자아상을 가질 때까지 긍정적으로 말하고 생각하자. 그러면 우리의 이미지와 환경이 긍정적인 모습으로 우리 앞에 나타날 것이다.

(2) 공감

성공하는 사람들은 상대의 말에 공감을 잘한다. 가장 쉽게 다른 이에게 친절을 베풀 수 있는 것은 무엇인가? 그것은 상대의 말을 듣고 그럴 수도 있다고 생각하는 것이다. 그리고 상대가 원하는 대답을 해주는 것이다. 분명 그것이 정답이 아니지만, 상대는 매우 고마워할 것이며, 우리도 그에게 긍정적인 대답을 들을 수 있을 것이다. 가는 말이 고우면 오는 말도 고운 것처럼 우리가 말로써 상대에게 심으면, 상대가 좋은 열매를 가지고 우리에게 주는 것은 당연한 결과일 것이다. 빈말인 줄 알면서도 여자들은 예쁘다는 말은 얼마든지 들어도 싫어하지 않는다고 한다. 남에게 기쁨이 되는 말을 하면, 그에게서 기쁨이 되는 말을 들을 수 있다. 그리고 그런 말을 자주 듣게 되면, 우리의 이미지도 스스로 기뻐할 만한 모습으로 변할 것이다.

(3) 자아 존중

자신을 너무 과소평가하지 말자. 이 말은 낮은 자존감과 열등감으로 자기 자신을 대하지 말자는 것이다. 안 좋은 일이 생기면, "내가 못 배운 게 한이지." 혹은 "내가 가난한 게 죄지."라고 말하는 분들이 있다. 또한 평소에 '죄송합니다. 미안합니다'를 입에 붙들고 사는 사람들이 있다. 얼핏 보면 예의 바르게 보일지 모르나, 꼭 필요한 경우가 아니라면 그렇게 해서 자신의 모습을 비하시키지 않기를 바란다.

(4) 모니터링

자신의 대화 패턴을 주의 깊게 살펴보자. 기회가 된다면 자기가 다른 사람과 대화하는 것을 녹음해서 들어보자. 불필요한 어휘나 부정적이거나 거부감을 주는 표현을 많이 쓰지는 않는지, 또는 상대방이 못 알아듣는 전문용어나 사투리를 사용하지는 않는지 점검해보자. 좋지 않은 언어습관에 대해 지적해주는 이의 충고를 새겨보자. 그리고 의식적으로 쓰는 말을 우리가 원하는 말로 바꿔서 자주 사용해보자. 그래서 자신의 언어사용 패턴을 바꾸어보자. 얼마 안 가서 자기 자신의 이미지도 변하고 삶의 모습도 변할 것이다.

 Level up Mission

뒷장의 [사례]를 읽고 상대의 마음을 움직일 수 있는 말로 바꾸어 적어보자.

상황	상대의 마음을 움직일 수 있는 말
병원에서 일하고 있는 김간호사, 금식을 해야 하는 환자가 과일을 조금만 먹으면 안되냐고 애원의 눈빛을 보내며 부탁하고 있다. 김간호사는 이 상황에서 어떻게 환자가 과일을 먹지 못하도록 말할 것인가?	
치과에 근무하는 치위생사 이선생이 환자의 치아 스켈링을 마치고 앞으로의 치아관리에 대해 잔소리해야 하는 상황이다. 양치질을 하루 두 번만 한다는 환자에게 세 번으로 늘리고 더 꼼꼼하게 닦아야 한다는 얘기를 해야 한다.	
유치원 교사 오선생은 학부모가 알림장을 읽지 않아서 생기는 의사소통의 부재 때문에 고민이 많다. 학부모에게 매일 알림장을 확인하고 그에 맞게 피드백을 해달라는 부탁을 어떻게 할 것인가?	

사례 : 상대의 마음을 움직이는 말

"미안, 갑자기 일이 들어와서. 다음에 봐야겠네."

데이트를 약속한 날에 느닷없이 이런 연락이 왔다면? 이는 종종 있는 일이다. 그리고 달리 뾰족한 수가 없는 경우가 대부분이다. 일 때문에 어쩔 수 없다는 걸 알면서도 이런 말을 들으면 당연히 마음이 상한다. 그 뿐 아니라 "날 소중하게 생각하지 않는구나.."라는 느낌도 받게 된다. 데이트를 기다리며 설레던 마음을 추스르면서 야속하다는 생각도 하게 마련이다. 무엇이 잘못된 걸까? 갑자기 일을 시켰으니 상사를 미워해야 할까? 그럴지도 모르겠다. 단, 이 말을 전달하는 방법에도 문제가 있다. 상대를 소중히 생각하고 있다는 느낌을 전혀 담지 않았기 때문이다. 이렇게 말해보면 어떨까?

"미안해. 일이 들어와서.... 근데 더 보고 싶어지네."

이 정도로만 바꾸어 말해도 상대의 기분이 확 달라진다.

이유는 두 가지이다. 첫 번째는 "더 보고 싶어졌다."고 상대를 좋아하는 마음을 전달하고 있기 때문이다. 두 번째는 이렇게 마음을 전달함으로써 "다짜고짜 취소된 약속'이 '두 사람의 감정을 세차게 끓어오르게 하는 사랑의 장애물'로 바뀌었기 때문이다.

말을 전달하는 방법에 따라 인생이 바뀐다. 좋아하는 사람과 대화를 할 때, 회사에서 프레젠테이션을 할 때, 가족과 의사소통을 할 때, 입사 면접을 볼 때 등 인생의 중요한 순간에 말을 어떻게 전달하느냐에 따라 결과가 달라진다. 같은 내용을 말하고 있는데도 전달 방법에 따라 '노'가 '예스'로 바뀌는 것이다.

말을 전달하는 법, 즉 의사표현이 중요하다는 사실은 누구나 알고 있다. 하지만 어떻게 하면 제대로 된 전달법을 익힐 수 있는지는 알지 못한다. 뛰어난 사교성이나 타고난 언어 감각같은 능력이 있어야만 하는 것, 간단하게 익힐 수가 없고 단순한 노력만으로는 어떻게 해볼 수가 없는 것이라며 자포자기한다. 그러나 이제는 그럴 필요가 없다.

말에도 조리법이 있기 때문이다. 요컨대, '조리법만 알면 누구나 잘할 수 있는' 것이다. 보통 언어감각에 의존해서 말을 하지만, 조리법을 알면 더욱 능숙하게 말을 전달할 수 있다. 유능한 사람일수록 말 조리법을 무의식적으로 사용한다. 타고난 감각이나 센스로 치부되던 전달법을 누구나 사용할 수 있게 연습 가능한 조리법이란 형태로 소개하고자 한다.

[출처] 〈인생이 바뀌는 말습관〉, 사사키 케이이치 저, 황선종 역, 한국경제신문, 2017, p.20

학습평가 Quiz

1 다음 중 성공하는 사람들의 의사표현에 해당하지 않는 것은?

① 긍정적인 표현   ② 인정

③ 자아 존중   ④ 모니터링

2 다음은 성공하는 사람들의 의사표현 중 어느 것에 해당하는가?

자신의 대화 패턴을 주의 깊게 살펴보자. 기회가 된다면 자기가 다른 사람과 대화하는 것을 녹음해서 들어보자. 불필요한 어휘나 부정적이거나 거부감을 주는 표현을 많이 쓰지는 않는지, 또는 상대방이 못 알아듣는 전문용어나 사투리를 사용하지는 않는지 점검해보자.

① 긍정적인 표현   ② 공감

③ 자아 존중   ④ 모니터링

3 다음 중 의사표현의 종류에 해당하지 않는 것은?

① 공식적 말하기   ② 의례적 말하기

③ 친교적 말하기   ④ 심리적 말하기

4 다음은 의사표현의 중요성에 대한 설명이다. 빈 칸에 알맞은 것을 적으시오.

"_____은 그 사람의 _____를 결정한다."

5 의사표현의 의미를 쓰시오.

학습내용 요약 Review (오늘의 Key Point)

① 의사표현이란 말하는 이가 자신의 생각과 감정을 듣는 이에게 음성 언어나 신체언어로 표현하는 행위이다.

② 의사표현의 세 가지 종류는 ① 공식적 말하기 ② 의례적 말하기 ③ 친교적 말하기로 아래 표와 같다.

의사표현의 종류	의사표현의 특징	의사표현의 예
공식적 말하기	사전에 준비된 내용을 대중을 상대로 하는 말하기	연설, 토의, 토론 등
의례적 말하기	정치적 문화적 행사에서와 같이 의례 절차에 따라 하는 말하기	식사, 주례, 회의 등
친교적 말하기	친근한 사람들 사이에 가장 자연스런 상태에 떠오르는 대로 주고받는 말하기	잡담 등의 자연스럽게 나오는 대화

③ 의사표현, 즉 말이 그 사람의 이미지를 결정한다. 우리가 자주하는 그 말로써 우리의 이미지가 결정된다는 것이다.

④ 성공하는 사람들의 의사표현으로는 ① 긍정적인 표현, ② 공감, ③ 자아 존중, ④ 모니터링이 있다.

⑤ 성공하는 사람들은 '이기는 말'을 사용한다.

성공하는 사람들의 '이기는 말'
나는 당신 말을 경청하고 있습니다
그렇군요
당신을 존경합니다
약속합니다
당신 뜻대로 하세요
당신이 결정하세요

9

Chapter 9

상황에 따른 의사표현

Learning Objectives

1. 칭찬의 효과적인 방법을 설명할 수 있다.
2. 거절의 효과적인 방법을 설명할 수 있다.
3. 사과를 할 때 갖추어야할 3가지 방법을 설명할 수 있다.

이야기속으로

세상에 거절이 쉬운 사람이 있을까? 무리한 부탁인 것을 뻔히 아는데도, 혹은 뭔가 좀 잘못된 일인 거 같은데도 누군가 부탁해오면 얼마 지나지 않아 후회할 걸 알면서도 또 'YES'라고 하고 만다.

최근 『성격 및 사회심리학지(Personality and Social Psychology Bulletin)』에 실린 한 연구에 의하면 그저 지나가는 사람 1인에 불과한 누군가가 부탁해도 많은 이들이 '잘못된' 일에 참여하고 만다는 결과가 나왔다.

지나가는 사람들을 대상으로 '장난을 치고 싶어서 도서관 책에 낙서를 해달라.'는 부탁을 했을 때 이런 이상한 부탁에 몇 명이나 응했을 것 같은가? 실제 평균적으로 4~5명에게만 부탁하면 충분했다.

대부분의 사람들이 '이런 행동은 옳지 않다.', '불편하다', '나중에 문제가 될까 두렵다.' 같은 말을 하면서, 즉 잘못된 일이라는 걸 분명히 알면서도 또 거절했을 때 '후환'이 두려운 상황이 전혀 아니었음에도, 단지 부탁하는 사람 앞에서 'NO'라고 이야기하기가 어려워서 그릇된 부탁을 들어주는 경향을 보인 것이다.

특별한 합리적인 이유 없이 단지 갈등을 피하고 싶다는 마음, 또 원만한 사람으로 보이고 싶은 욕구를 가지고 있으며, 때로는 친한 사람들의 잘못된 부탁을 거절하지 못해 도덕적으로 그른 행동에 동참하기도 한다는 연구 결과들도 있다. 우리 사회에서는 '정', '우리가 남이가'로 행해지는 불의의 묵인과 동조들이 떠오른다.

이렇게 우리는 사회적 동물로서 타인의 영향과 부탁에 약한 본성을 지녔지만 보통 이를 잘 인식하고 있지는 않다. 따라서 바네사 본스(Vanessa Bohns)의 연구를 눈여겨볼 필요가 있는데, 이 연구에서는 각종 요구 또는 부탁이 가진 힘과 거절의 어려움을 얕보지 말아야 한다고 이야기한다.

[출처] ㅍㅍㅅㅅ 거절은 어려워 by 지뇽뇽, 2017년 3월 27일 기사 참조

9장에서는 일상생활을 영위하면서 가장 많이 부딪히게 되는 칭찬, 거절, 사과에 대한 내용을 학습한다. 그동안 이러한 상황이 어려웠던 사람이라면 보다 효과적인 방법으로 의사소통할 수 있는 방향을 찾을 수 있을 것이다.

1. 다음 중 긍정적인 관계의 중요성을 일깨워주고 상대를 동기부여 시켜주는 말하기는 무엇인가?

   ① 칭찬
   ② 설득
   ③ 토론
   ④ 피드백

2. '대화 참여자들 간에 서로의 욕구나 의도가 충족되지 못해 갈등이 발생하는 순간'은 어떤 대화로 인해 발생하는 상황이라고 볼 수 있는가?

   ① 신뢰
   ② 거절
   ③ 질투
   ④ 원망

3. 다음 중 '사과'에 대한 설명으로 옳은 것은?

   ① 상황의 해결을 위해서라면 거짓말을 하는 것은 좋은 방법이다.

   ② 상대를 배려하지만 본심을 숨기는 말하기이다.

   ③ 상황을 모면하기 위한 일시적인 회피전략을 말한다.

   ④ 말하는 사람이 자신의 잘못을 스스로 인정하고 용서를 구하는 행동을 말한다.

　상황에 따른 말하기의 범주는 매우 다양하다. 본 장에서는 상대의 좋은 점이나 잘한 행동에 대해 하는 칭찬과 자신의 잘못에 대한 사과, 그리고 상대의 요청에 대해 거절하기 등을 알아본다. 이는 우리의 일상생활에서 흔히 사용하는 중요한 말하기이다. 칭찬과 사과는 상대의 기분을 긍정적으로 만드는 소통법이지만 표현에 인색해 사람들이 많이 하지 않는 말하기이다. 그리고 사과와 거절하기는 상대의 기분을 상하게 하는 말로 어려운 말하기라고 볼 수 있다. 이 두 가지의 상황은 인간관계에서 빈번하게 발생하며 어떻게 표현하는가에 따라 이후 관계에 많은 영향을 주기 때문에 특히 주의를 기울여 사용해야 하는 말하기 방법이다. 따라서 이번 장에서는 칭찬과 사과, 거절의 중요성에 대해 알아보고 보다 바람직한 표현법을 살펴보기로 한다.

1. 칭찬

칭찬 한 마디로 끌어올리는 긍정의 에너지!

　대한민국에 '칭찬 열풍'을 불러일으켰던 『칭찬은 고래도 춤추게 한다』라는 책은 세계적인 경영 컨설턴트인 켄 블랜차드가 긍정적 관계의 중요성을 깨우쳐주고 칭찬의 진정한 의미와 칭찬하는 법을 소개하기 위해 2003년에 집필한 책이다. 이 책은 칭찬이 가져다주는 긍정적인 변화와 인간관계, 그리고 동기부여 방식 등을 재미있고 흥미로운 이야기로 풀어내서 큰 사랑을 받았다. 이 책에서는 칭찬으로 긍정적인 인간관계를 만드는 '고래 반응'을 제안한다. 몸무게 3톤이 넘는 범고래가 관중들 앞에서 멋진 쇼를 펼쳐 보일 수 있는 것은 고래에 대한 조련사의 긍정적 태도와 칭찬이 있었기 때문이라는 것이다.

　보통의 사람들은 긍정적 태도로 칭찬을 하고 싶어 하지만, 현실에서 긍정적 태도와 칭찬의 중요성을 제대로 알고 실천하는 사람은 드물다. 칭찬을 잘못하면 아부로 보일수도 있고, 서투른 표현을 사용하면 오히려 상대의 기분을 상하게 할 수도 있기 때문이다. 그렇기 때문에 칭찬을 할 때는 자신의 진심이 상대에게 잘 전달될 수 있도록 진행해야 한다.

사 례

A : 자네 이름이 강지후던가?

B : 어? 원장님 제 이름을 어떻게...?

A : 자네가 그렇게 주사를 잘 놓는다며? 환자분들의 칭찬이 자자해.
　게다가 고객 편의를 위한 휴게실 개선 아이디어도 자네가 낸 것이라 들었네.
　그런데 내가 어떻게 자네 이름을 모르겠는가?

B : (머리를 긁적이며 흐뭇해 한다)

　　앞의 상황에서 A는 병원 원장으로서 자신의 부하 이름을 기억하고 업무에서 보인 능력을 칭찬해준다. 대부분의 사람들은 타인에게 인정받고 존경받고자 하는 욕구가 있는데, 칭찬의 말하기는 바로 이러한 상대의 욕구를 존중하고 인정하는 마음에서 비롯된다. 칭찬은 상대의 입에서 전해지는 순간 그 자체로 자신의 존재가치나 능력을 인정받는 것인 셈이다.

　　칭찬이 사람들에게 어떤 영향을 미치는지에 대해 나가사키 가즈노리(2002)는 다음과 같이 말한다.

　　첫째, 칭찬은 사람을 성장시키는 마법이다. 따뜻한 감성이 담긴 칭찬은 사람들 성장시키는 힘을 가져 자신감과 용기를 불러일으킨다.

　　둘째, 칭찬은 용기와 열정을 가져온다. "내가 인정받고 있다."는 느낌은 의욕적으로 자신의 일을 수행하는 원동력이 된다.

　　셋째, 칭찬은 마음의 문을 열어준다. 타인에 대한 관심과 애정은 마음의 어색함을 허물고 상황의 긍정적인 면을 볼 수 있도록 해준다.

　　넷째, 칭찬은 칭찬하는 사람을 더 행복하게 만든다. 상황과 타인에 대한 긍정성은 자신의 삶에도 밝은 에너지를 가져다 준다. 또한 자신의 칭찬에 상대가 기뻐하는 모습을 보면서 더욱 행복한 감정을 나눌 수 있다.

　　칭찬은 상대를 성장시키고 상황에 대한 열정과 용기를 복돋아 준다. 또한 칭찬을 행하는 자신에게는 마음의 여유와 행복을 가져다 준다. 그렇다면 칭찬을 잘하는 방법이 따로 정해져 있을까?

(1) 칭찬을 잘하는 방법

① 구체적으로 칭찬한다.

칭찬을 할 때 막연하고 추상적인 표현을 쓰면 성의가 없고 진심이라 느껴지지 않는다. 또한 자칫 아부로 느껴지는 칭찬은 서로의 관계에 아무런 도움이 되지 않는다.

칭찬을 할 때는 능력과 자질, 태도, 성과, 행동 등에 대한 구체적인 내용이 드러나야 한다.

 Level up Mission

다음의 예를 비교해 보자. 어떤 차이가 느껴지는지. 그리고 진심어린 칭찬을 위해서는 어떤 것을 고려해야 하는지 이야기 나누어보자.

> A : 나 오늘 미용실 가서 헤어컷 했는데 어때?
> B : 응. 멋있네
> A : 정말? 내가 보기엔 그냥 그런데. 너 그냥 나 듣기 좋으라고 하는 말이지?

> A : 나 오늘 미용실 가서 헤어컷 했는데 어때?
> B : 어쩐지. 오늘 뭔가 달라보인다 했더니 짧게 자르니까 훨씬 세련되고 멋있어 보인다.
>   너한테 정말 잘 어울려.
> A : 정말? 고마워. 다행이다.

② 진심을 담되 과장되지 않도록 한다.

구체적으로 표현하는 것은 좋지만 도가 지나치면 오히려 신뢰를 얻지 못한다. "교수님의 오늘 강연은 세계 최고의 강연이었습니다." 보다는 "설득력 있고 공감이 가는 표현이었습니다."가 훨씬 효과적일 것이다. 마음에서 우러난 인정과 격려이면 충분하다.

③ 칭찬은 그 자리에서 해야 한다.

시간이 지난 뒤의 칭찬은 칭찬하는 사람과 듣는 사람 모두 열정이 없어서 효과는 반감된다. "2년 전 너의 노래 실력은 정말 대단했지"라는 말은 지금에 와서는 큰 의미가 없다.

오히려 "아니, 그럼 지금은 어떻다는 말인가?"라는 생각이 들거나, 왜 지금 와서 그런 말을 하는지 의도를 찾으려하기 때문이다. 꼭 칭찬할 일이 있는데 그 자리에서 칭찬이 이루어지지 않았다면 가장 적절한 타이밍을 찾는 것이 좋다.

④ 칭찬은 공개적으로 해야 한다.

타인이 알아주지 않는 칭찬은 크게 의미가 없다. 칭찬은 공개적으로 드러내놓고 하는 것이 원칙이다. 이러한 칭찬은 받는 사람 뿐 아니라 다른 사람들에게도 긍정적인 영향을 미친다. 노력에 따라 인정과 보상을 받는 모습에 동기부여 될 수 있기 때문이다.

(2) 칭찬을 받아들이는 방법

칭찬은 하는 것 못지않게 받아들이는 방법도 중요하다. 보통 한국 사람들은 칭찬을 받게 되면 겸손의 의미로 부정함으로서 공손함을 표현하려 한다. 하지만 칭찬에 대해 지나치게 겸손한 태도를 보이는 것도 바람직하지 않다. "어머, 아니에요~"와 같은 부정적인 반응을 보이면 칭찬을 한 사람이 무안해지거나, 칭찬을 들은 사람이 어떤 마음상태인지 알아차리기 힘들기 때문이다. 이와 함께 지나친 자신감을 표현하는 것도 인간관계에 부정적인 영향을 미칠 수 있다.

> A : 하영씨 동생 보니 그 집안은 정말 유전자가 좋은가봐. 모두 미인이잖아.
> B : 네. 맞아요. 그런 말 하도 들어서 이제 지겨워요. 따라다니는 남자들이 너무 많아서 피곤하다니까요.

하지만 반대로 위와 같이 칭찬을 너무 당연한 것으로 받아들이면 상대방은 당황할 수 있다. 얼핏 유머로 웃고 넘어갈 수도 있지만 상황과 대상을 고려하지 않으면 오히려 비호감을 불러일으켜 대화의 걸림돌이 될 수 있다.

2. 거절

일상생활을 해 나가면서 우리는 누군가에게 부탁을 하고 부탁을 들어주게 된다. 부득

이한 상황에 부탁을 거절할 때도 있지만 이는 쉬운 일이 아니다. 상대방이 섭섭해 하지는 않을까, 혹여 관계가 틀어지지 않을까 두려움이 생기기도 하고, 혹은 예전에 받은 고마움에 대한 빚을 갚아야 한다는 생각에 거절을 못하기도 한다. 하지만 원하지 않는 일을 수용했을 때 경우에 따라서 후회할 일이 생기기도 한다.

거절의 상황은 대화 참여자들 간에 서로의 욕구나 의도가 충족되지 못해 갈등이 발생하는 순간이다. 그래서 중요한 것은 거절 시에 상대의 체면이 상하지 않도록 하는 것이 중요하다.

상대방의 호의를 거절할 때는 우선 고마움을 먼저 표현하는 것이 좋다. 예를 들어, 직장 상사나 웃어른이 "이번 주말에 우리 가족이랑 같이 등산이나 갈까?"라고 제안을 하면 대부분의 경우 거절하기가 쉽지 않다. 이럴 때에는 상대방의 호의적인 제안에 우선 진심을 담아 고마움을 표현하고 더불어 제안을 거절할 수밖에 없는 이유를 전하는 것이 최선이다.

"초대 감사드립니다. 그런데 이번 주말에는 부모님과의 선약이 있어서 좀 힘들겠습니다."라고 정중하게 설명한다. 제의를 수용하지 못하는 이유에 대해 변명하거나 거짓말을 하게 되면 순간의 난처함을 피할 수 있을지 모르지만 궁극적인 해결책은 될 수 없다.

다음의 상황을 보자.

> 성신 : 지후야. 우리 오늘 저녁에 서점에 갈래?
> 지후 : 미안해. 엄마가 아프셔서 일찍 들어가야 해.

거절의 이유가 사실이라면 위와 같이 거절할 수도 있지만 사실은 단순히 상황을 모면하기 위한 거짓말이라면 후에 문제가 될 수 있다. 거절의 내용이 거짓인 것을 알게 되는 순간 인간관계에는 치명적인 손상을 줄 수 있다.

따라서 거절할 때에는 문제해결 뿐 아니라 상대와의 관계에 긍정적인 방향으로 도움을 줄 수 있는 방법을 찾는 것이

좋다. 적절한 거절의 방법으로는 제안 제시, 합당한 이유 제시, 상대의 입장 고려하기 등이 있다.

(1) 대안 제시

대안 제시는 상대의 요구나 호의를 거절해 생기는 갈등상황에서 두 사람이 모두 만족할만한 새로운 해결안을 제시하는 방법이다. 거절을 통해 손상될 수 있는 상대의 자존심을 세워주면서 상황을 해결할 수 있는 가장 좋은 방법이다.

사례 : 거짓으로 상황을 모면하려는 경우

상욱 : 나 이번에 새롭게 팀장으로 승진해서 제주도로 출장을 가게 됐어.

소윤 : 야~ 좋겠다. 나도 가고 싶다. 승진에 제주 출장이라 정말 부럽네.

상욱 : 그런데 우리 고양이 때문에 걱정이야. 혼자 두고 갈 수가 없어서 말야.
　　　그래서 말인데, 소윤아. 며칠만 우리 고양이 좀 돌봐주면 좋겠다.

소윤 : ....

상욱 : 왜? 안돼? 좀 부탁할게.

소윤 : 저기. 나 동물 털 알러지 있는거 알지?

상욱 : 고양이는 개랑 달라서 털 거의 안빠져.

소윤 : 우리 엄마 아빠도 동물 싫어하시고.

상욱 : 친한 동료끼리 그 정도 부탁도 못 들어주니? 섭섭하다. 정말.

순간을 모면하기 위한 거짓 이유로 거절을 하게 되면 부탁한 사람과의 관계가 깨지는 건 시간문제이다. 이런 거짓말은 곧 탄로가 나기 때문에 이러한 상황에서는 오히려 상황을 솔직히 이야기하고 새로운 대안을 찾아 제시하는 방법을 택하는 것이 좋다.

위에서 소개한 거절의 방법은 수락이 어려운 상황에서 상대의 부탁에 대한 새로운 대안을 제시하는 것이다. 알러지가 있다거나 부모님이 싫어하신다는 거짓말보다 고양이를 더 잘 보살필 수 있는 방법을 제시하는 것이 상대의 체면을 세워줄 뿐 아니라 두 사람 모두 만족할만한 해결책이 될 수 있다.

(2) 합당한 이유 제시

거절할 수밖에 없는 상황에서 합당한 이유를 제시해 상대의 이해와 동의를 구하는 방법이다. 이는 상대가 거절의 이유를 수락할 것이라는 것을 전제로 진행되기 때문에 제안한 당사자의 경우, 상대에 대한 지지발언을 함께 사용하면 서로 간의 신뢰를 쌓는 긍정적인 분위기를 유도할 수 있다.

 사 례

선희 : 남희야, 너 오늘 저녁에 나 옷 사러 백화점 갈건데 같이 가지 않을래?

남희 : 어떡하지? 나 오늘은 들어가서 애기 봐야 하는데. 맞벌이 하는 육아맘이다 보니 개인적인 약속은 잡기가 쉽지 않네. 미안.

선희 : 그러게. 네 말이 맞다. 애기 있으면 다 그렇지 뭐. 힘내.

위의 사례에서 남희는 선희의 제안을 거절하는 이유에 대해 설명하고 있으며, 선희도 그 이유에 대해 수용하고 인정하는 분위기를 엿볼 수 있다. 그리고 마지막에 한 지지발언에는 상대를 인정하고 이해하는 마음이 표현됨으로써 상대와의 좋은 관계를 지속적으로 유지할 수 있다.

(3) 상대의 입장 고려하기

이는 거절을 하면서도 상대방의 입장에 대해서 충분히 이해하는 마음을 전하는 표현법이다. 상대의 요구를 거절은 하지만 상대에 대한 걱정이나 배려가 원인이라는 것을 전달할 수 있도록 한다.

 사 례

손주 : 할머니. 내일 유학갔던 희윤이가 돌아온대요.

할머니 : 그래? 이게 얼마만에 한국에 돌아오는 거냐. 나도 공항에 마중 나가야 겠다.

손주 : 아유~ 할머니. 그냥 제가 대표로 나갈테니 할머닌 집에서 쉬세요.

엄마 : 그러세요. 어머니. 어차피 귀국하면 집에 인사드리러 올텐데요.

앞의 사례에는 손주를 마중 나가고자 하는 할머니의 요청을 거절하는 상황이 제시되어 있다. 하지만 이는 할머니의 연세와 건강을 염려해서 거절하는 것이고 할머니에 대한 배려가 들어가 있기에 상대의 체면을 손상시키지 않는다.

거절할 때에는 상대의 체면을 고려하면서도 자신이 처한 상황을 긍정적으로 해결하려는 노력이 필요하다. 두 사람 모두 만족할만한 대안을 찾는 것이 쉽지는 않은 일이자만 적절한 대안을 생각하며 같이 고민하는 모습을 보여준다면 상대도 상황을 이해하게 될 것이다.

Level up Mission Step 1

다음의 상황에서 상대에세 거절하는 말하기를 연습해보자.

> 1. 회사 내에서 작성해야 하는 보고서 작성을 부탁했을 때
>
> 2. 돈을 빌려 달라고 했을 때

3. 사과

사과하기는 말하는 사람이 자신의 잘못을 스스로 인정하고 용서를 구하는 행동을 말한다. 사과는 받아들이는 사람이 거부하게 되면 말하는 사람의 체면에 치명적인 손상을 주기 때문에 대화 당사자들 사이의 조화와 배려가 필수적이다.

사과를 할 때 는 사과의 의도를 명백하게 알 수 있는 "미안하다", "죄송하다", "용서를 구한다" 등의 표현과 더불어 부가적인 표현을 병행할 때 듣는 입장에서 더욱 공손하다고 느끼게 된다. Lakoff[1973:296]가 밝

죄송

힌 바와 같이, 명료한 사과표현만 사용하는 것보다는 부가적으로 연결되는 내용이 공손성을 나타내는 요소로 기능하기 때문이다. 흔히 사과 표현과 함께 나타나는 표현에는 자기 비난이나 설명, 재발에 대한 방지약속 등을 들 수 있으며, 이 세 가지가 병행될 때 화자의 진심이 상대에게 좀 더 쉽게 전달될 수 있다.

(1) 자기 비난

사과할 때 사용하는 자기 비난의 표현은 사건에 대한 책임이 전적으로 자신에게 있음을 밝힘으로써 적극적인 사과를 표명하는데 효과적이다.

 사 례

직장동료 A : 애초에 자네가 거래처로부터 그 돈만 안 받았어도 일이 이렇게까지 꼬이지는 않았을꺼 아냐. 바보같이 왜 그 돈을 받아서 일을 어렵게 만드냐.
지금 상황이 얼마나 곤란하게 됐는 줄 알아?

직장동료 B : 미안해 정말. 이게 다 나 때문에 벌어진 일이니 뭐라 할말이 없네. 미안해..

상대방의 질책에 대해 자기를 비난하는 표현은 자신의 잘못 인정 뿐 아니라 동시에 자신을 낮춤으로써 상대를 높이는 공손의 태도를 동시에 보여준다. 자기 비난은 자신의 잘못을 인정하는 것에서부터 시작된다.

(2) 설명하기

설명하기는 문제가 된 상황에 대해 상대방의 이해를 구하기 위한 내용으로 구성하는 말하기이다. 일반적으로 설명하기는 자신의 책임보다는 사건이 발생할 수밖에 없는 이유를 주로 말하는 것이 특징이다.

다음과 같이 레스토랑의 문을 닫을 수밖에 없는 이유를 사과 표현에 더해 말하는 방법이 설명하기의 대표적인 형태이다. 설명하기는 모두가 용납할 수 있는 상세한 설명을 통해 상대방이 이해해주기를 기대하는 마음이 나타난 말하기이다.

사 례

지점장 : 결론부터 말하자면 우리 레스토랑은 다음 달에 문을 닫게 되었습니다.

직원들 : 네? 뭐라고 말씀하셨습니까?

지점장 : 모두 놀라셨을텐데 갑자기 이렇게 말해서 미안합니다. 그동안 저도 고민이 왜 없었겠습니까? 모두 알다시피 지금 경기가 매우 안 좋고 우리 가게도 1년이 넘게 적자를 이어오고 있습니다. 여러분의 월급도 3개월이 밀린 상태이구요.

다들 역량있고 어딜가면 더 좋은 대우를 받을만한 분들인데 이렇게 기약 없이 여러분의 발목을 잡고 있을 수는 없다는 결론을 내렸습니다.

여러분들도 제 마음을 이해할거라고 생각합니다. 장사라는게 열정만 가지고 할 수 있는게 아니라는걸 깨달았습니다. 미안합니다.

(3) 재발방지 약속하기

사과할 때 말하는 사람이 자신의 잘못을 인정하는 것을 넘어서 앞으로 동일한 잘못을 되풀이 하지 않겠다는 다짐을 부가적으로 사용하는 경우를 말한다. 이와 같은 말하기에서는 "다시는 / 다음부터는"과 같은 표현을 같이 사용하기도 한다.

사 례

아들 : 엄마. 죄송해요. 제가 요즘 취업도 안 되고 일이 잘 안 풀려서 예민해졌었나봐요.

엄마 : 아니다. 네 마음이 오죽하겠냐. 엄마가 다 이해한다. 좀 더 좋은 환경에서 너를 교육시키지 못해 미안한 마음도 들고. 지금 이렇게 마음고생 하는데 부모로서 딱히 해줄 수 있는 것도 없고... 엄마가 많이 미안하다.

아들 : 아니에요 엄마. 엄마 아니면 내가 어떻게 이렇게 잘 자랄 수 있었겠어.
내가 다 잘못했어요. 미안해요. 다시는 성질 안 부릴께.

위의 사례를 보면 사과를 하면서 앞으로 다시는 문제가 된 행동을 되풀이하지 않겠다는 다짐을 표현하고 있다. 사과하는 사람 스스로 재발 방지를 약속하게 되면 상대의 비난

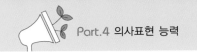

이 반복되는 것을 막고 상황을 빠르게 종결시키는 기능을 하기도 한다. 이런 부가적인 말하기는 상대의 체면을 세워주는 공손한 말하기로 서로의 관계가 회복되는 효과를 불러일으킨다. 곧, 이러한 말하기는 상대의 지지를 얻어내 사과가 쉽게 받아들여지도록 한다.

하지만 무엇보다도 중요한 것은 사과를 하는 데 있어서 스스로 잘못을 시인하고 자신의 행동에 책임을 지고자 하는 태도이다. 또한, 잘못한 행동을 다시는 되풀이 하지 않기 위한 실천적 변화가 필요하다.

 Level up Mission

다음 대화의 문제점을 찾아보고, 이와 같은 상황에서 올바르게 사용할 수 있는 사과의 표현을 적어보자.

1. 이거 늦어서 미안하게 됐습니다. 뭐 요즘 교통체증이 심하니 흔히 있는 일이긴 하지만....

2. 어머, 밥에 돌이 들어 있다구요? 씻는다고 씻었는데 가끔 그런 일이 있네요. 잘 골라서 드세요.

3. (유치원에서 아이들끼리 싸움이 나서 한 명이 얼굴에 멍이 들었다) 우리 애가 힘이 좀 세요. 서로 아이 키우는 입장이니까 이해하시죠? 애들이 놀다보면 그러죠 뭐.

Level up Mission

사과할 때 그동안 자신이 어떤 표현을 많이 사용했는지 적어보자. 또한 갈등 상황이 발생했을 때 어떤 사과 표현이 효과적이었는지 자신의 경험을 바탕으로 옆 사람과 이야기 나누어보자.

'3분력'의 저자인 다카이 노부오(1997)는 사과를 한 이후에 나타나는 결과를 5단계로 구분해 제시하고 있다.

1단계	문제를 크게 만들거나 새로운 마찰의 원인을 만들어낼 가능성이 있다.
2단계	상대의 마음을 진정시키는 최소한의 선을 지킨다.
3단계	신뢰 회복까지는 이르지 못해도 한편에서는 상대를 안심시킨다.
4단계	사과를 통해 신용을 회복한다.
5단계	사과를 통해 상대방으로부터 전보다 새로운 신뢰를 얻는다.

레스토랑에서 음식을 주문했는데 음식에서 머리카락이 나왔다. 불만을 제기하는 고객에게 매니저가 하는 사과의 말을 위의 단계에 적용해보면 다음과 같다.

1단계	죄송합니다. 그런데 음식을 하다보면 머리카락 정도는 들어갈 수가 있습니다. 집에서 음식할 때도 종종 그런 경우가 있잖아요?
2단계	음식을 다시 만들어드리려고 하는데 괜찮으실까요?
3단계	죄송합니다. 오늘 식사 값은 받지 않겠습니다.
4단계	정말 죄송합니다. 곧 다시 음식을 다시 만들어드리겠습니다. 물론 오늘 식사 값은 받지 않겠습니다.
5단계	정말 죄송합니다. 곧 다시 음식을 다시 만들어드리겠습니다. 물론 오늘 식사 값은 받지 않겠습니다. 그리고 사과의 뜻으로 다음에 방문하셔서 드실 수 있도록 2인 식사권을 제공해 드리려 합니다. 사과의 뜻으로 너그러이 받아주시면 좋겠습니다.

　살다보면 실수하는 상황은 언제든 발행할 수 있다. 중요한 것은 실수에 대해 상대방이 만족한 만한 조치를 신속하고도 적절하게 취했는가 이다. 위에서 보듯이 가장 좋은 사과의 방법은 5단계이지만 최소한 3단계는 유지해야 한다. 1단계처럼 책임전가나 변명으로 무미하려 한다면 상대로부터의 신뢰 회복은 어려워 진다. 또한 요즘처럼 SNS가 발달한 시대에는 고객의 작은 불만이 생각지도 못한 파장을 일으켜 보다 커다란 문제 상황을 만들수도 있다.

　사과의 말은 생각보다 단순하다. "죄송합니다", "미안합니다", "제 잘못입니다", " 용서를 구합니다" 등의 말과 함께 자신의 진심을 전하는 것이다. 표현법 보다는 자신의 잘못을 인정하고 상대에게 진실하게 사과하려는 태도가 더욱 중요하다. 본인의 잘못인 것을 알면서도 자존심 때문에 적절한 타이밍에 솔직하게 사과하지 못하게 되면, 다른 사람들로부터 신뢰를 잃고 더욱 큰 어려움에 처할수도 있게 될 것이다.

1 다음 중 칭찬을 잘하는 방법에 해당하지 않는 것은?

① 구체적으로 한다.

② 그 자리에서 한다.

③ 진심을 담되 과장되지 않도록 한다.

④ 최대한 상대의 마음에 들도록 미사여구를 많이 사용하는 것이 좋다.

2 다음 중 칭찬을 받아들이는 방법으로 올바른 것은?

① 칭찬에 대해 지나치게 겸손한 태도를 보이는 것도 바람직하지 않다.

② 겸손의 의미로 극구 부정해 공손함을 극대화하는 것이 최선이다.

③ 칭찬을 받을 때는 받을만하기 때문에 자신감 넘치는 태도로 당연하게 받아들이면 호감도를 높일 수 있다.

④ 칭찬을 한 사람의 본심을 파악하는데 집중하기 위해 질문을 한다.

3 거절할 때의 상황과 태도로 옳지 않은 것은?

① 원하지 않는 일을 수용했을 때 경우에 따라서 후회할 일이 생기기도 한다.

② 거절 시에 상대의 체면이 상하지 않도록 하는 것이 중요하다.

③ 상대의 호의를 거절 할 때는 먼저 고마움을 표현하는 것이 좋다.

④ 거절은 곧 인간관계의 단절로 이어지므로 절대 해서는 안 된다.

4 다음 (   )안에 들어갈 적당한 말은 무엇인가?

효과적인 (   )으로는 대안 제시, 합당한 이유 제시, 상대의 입장 고려하기 등이 있다.

1 칭찬을 잘하는 방법

　① 구체적으로 한다.

　② 그 자리에서 한다.

　③ 진심을 담되 과장되지 않도록 한다.

2 효과적인 거절의 방법

　① 대안 제시

　② 합당한 이유 제시

　③ 상대의 입장 고려하기

3 효과적인 사과의 원칙

　① 자기비난

　② 설명하기

　③ 재발방지 약속하기

NCS
의사소통
능력

Chapter

10

Chapter 10
회의

1. 회의 종류
2. 효과적인 회의 준비와 진행
3. 회의 커뮤니케이션

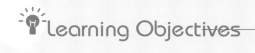
Learning Objectives

1. 회의의 종류를 말할 수 있다.
2. 효과적인 회의 진행을 위한 준비사항을 설명할 수 있다.

직장인들이 함께 회의하고 싶지 않은 회의 시간 최악의 꼴불견으로 '답정녀'를 꼽았다. 답정녀는 '답은 이미 정해져 있고 너는 대답만 하면 돼'라는 뜻의 신조어로, 자신이 듣고 싶은 말만 들으려 하는 사람들을 가리킨다.

취업포털 잡코리아가 최근 직장인 931명을 대상으로 직장 내 회의를 주제로 설문조사를 실시한 결과 이같이 나타 났다고 5월 31일 밝혔다.

또한 직장인들은 회의가 시간낭비라고 느껴진 적이 있다고 입을 모았다. 설문에 참여한 직장인 중 73.4%가 '회의 가 시간낭비라 느껴봤다.'고 답한 것이다.

회의를 시간낭비라고 느낀 이유(복수응답)를 물은 결과 '아무리 회의하고 결정을 내려봤자 상사의 지시 한 마디 면 방향이 바뀌니까(45.1%)'가 1위를 차지했다. '회의를 해도 달라지는 것이나 결론이 없어서(36.3%)', '별로 중 요하지도 않은 신변잡기, 근황 등의 잡담을 나누느라 시간을 보내서(32.7%)'도 근소한 차이로 2, 3위를 다퉜다.

그리고 잡코리아는 회의에 함께 하고 싶지 않은 회의실 최악의 꼴불견에 대해서도 물었다. 조사 결과 직장인들 이 가장 기피하는 회의실 꼴불견 1위에는 '자기가 낸 의견과 아이디어, 결론만이 정답이라 믿고 우기는 답정녀형 (61.96%)'이 꼽혔다.

2위는 '한 얘기를 반복해서 말하는 중언부언형(45.3%)'이, 3위는 '회의 주제를 자꾸 벗어나 논점을 흐리는 샛길 형(33.8%)'이 각각 꼽혔다.

한편, 찜질방 회의, 맥주 회의 등 격식을 파괴한 회의가 실제로 업무에 도움이 되는지를 물은 결과 이를 경험한 직 장인들의 만족도가 높은 것으로 드러났다. 이러한 격식파괴 회의가 사내에 도입되어 있다고 답한 직장인은 16.5% 로. 이들은 격식을 파괴한 회의가 '새로운 아이디어 발굴, 친밀감 형성 등 업무에 도움이 된다(62.3%)'고 입을 모 았다.

[출처] 직장인이 꼽은 회의실 꼴불견 1위 '답정녀'

파이낸셜 뉴스 2017.05.31 fair@fnnews.com 한영준 기자

10장에서는 회사 업무 중 중요한 부분을 차지하는 회의에 대한 내용을 담았다. 회의의 종류를 이해하고, 효과적 인 회의 준비와 진행방법을 배워서 실무에 적용하는 스마트 인재가 되어보자.

사전진단 self check

1 다음 중 회의의 올바른 뜻은?

① 어떤 문제에 대하여 여러 사람이 각각 의견을 말하며 논의함.

② 2명 이상의 다수인이 모여서 어떤 안건을 의논·교섭하는 행위

③ 어떤 목적에 부합되는 결정을 하기 위하여 여럿이 서로 의논함.

④ 상대편이 이쪽 편의 이야기를 따르도록 여러 가지로 깨우쳐 말함.

2 회의의 종류는 보통 크게 두가지로 나뉜다. 올바르게 묶인 것은?

① 보고형 회의, 참여형 회의

② 참여형 회의, 설득형 회의

③ 보고형 회의, 제안 회의

④ 참여형 회의, 협상 회의

3 회의 커뮤니케이션에서 효과적인 질문 기술에 해당하지 않는 것은?

① 입장 바꿔 생각하도록 유도

② 상대 의견 재확인을 통한 푸시 전략

③ 타당한 근거를 찾기 위한 "왜?"

④ 자신의 생각을 관철시킬 때까지 주장

1. 회의의 종류

"2명 이상의 다수인이 모여서 어떤 안건을 의논·교섭하는 행위"를 말하는 회의는 효과적으로 조직을 이끌어가는 데 많은 역할을 담당한다. 회의를 통해 직원들은 정보를 주고받고, 아이디어를 나누며, 의욕을 고취하고 팀워크를 다질 수 있다. 또한 다양한 의견이 존중받는 회의 문화가 정착되면 직원들의 비판적인 사고 능력이 길러지고 문제해결 능력 또한 키울 수 있다. 하지만 대부분의 회사에서는 회의가 효율적인 방법으로 운영되고 있지 않다. 어떻게 하면 모두가 만족하는 회의, 성과가 나는 회의를 진행할 수 있을까?

회의를 진행할 때마다 우리는 늘 아래의 두 가지 의문을 품고 있어야 한다.

> 첫째, 회의에 들어간 시간이 생산적으로 사용되었는가?
> 둘째, 회의에서 결과를 도출해 내었는가?

회의는 종류에 따라 크게 보고형 회의와 참여형 회의 두 가지 종류로 나눌 수 있다.

(1) 보고형 회의

보고형 회의는 기본적으로 회의를 주도하는 사람이 참석한 사람들에게 일방적으로 내용을 전달하는 일방향 커뮤니케이션이다. 보고형 회의는 다시 두 가지로 구분되는데, 하나는 일반적인 정보를 제공하는 회의와, 조직 내 공유할만한 일이 있을 때 함께 모여 축하해 주는 동기유발형 회의로 나누어진다.

대부분의 보고형 회의에서는 정보를 제공하는 사람이 가장 활동적이며, 나머지 참가자들은 상대적으로 수동적으로 회의에 참석하게 된다. 정보제공형 회의라면 참석자는 궁금한 사항에 대해서 추

가적인 질문을 할 수 있고, 동기유발형 회의라면 함께 축하와 격려를 나눌 수 있지만 대부분의 경우 참가자들은 대부분의 시간을 듣는데 집중하게 된다.

(2) 참여형 회의

참여형 회의는 크게 두 가지로 문제해결형과 아이디어 창출 회의로 나눌 수 있다. 이 두 종류의 회의는 의견교환의 형식으로 진행되지만 차이점이 있다.

먼저 문제해결형 회의의 목적은 현안을 해결하는 것이다. 분석적인 접근을 통해 현 상황에 대한 개선점을 찾아내고 문제상황의 재발을 방지, 혹은 예방하는 것이 초점이라고 볼 수 있다.

이에 반해 아이디어 창출회의의 초점은 미래지향성과 조직의 발전에 맞춰져 있다. 자유롭고 창조적인 분위기가 편안하게 조성되며, 이러한 과정을 통해 새롭고 신선한 아이디어를 찾아 실무에 적용하는 것이 목적이다. 참여형 회의에서 참석자들은 활동적인 역할을 하며, 이 회의의 성공은 참여자를 독려해 의견을 촉진하는 데 달려 있다.

 Tip 회의 말고 다른 방법은 없을까?

회의를 결정하기 전에 회의를 진행할 경우의 시간의 효율성, 기회비용 등을 고려해보자. 만약 간단한 보고서, 벽보에 공고하는 방식, 메모 등으로 해결할 수 있는 상황이거나, 굳이 여러명의 의견을 듣고 결정을 내릴만한 사안이 아니라면 굳이 회의를 소집할 필요가 있을까?

Level up Mission Step 1

그동안 회의를 진행하면서 아쉬웠던 점은 무엇이 있을까?

Level up Mission Step 2

회의가 잘 진행되기 위한 방법을 3가지만 적어보자.

1.

2.

3.
---

2. 효과적인 회의 준비와 진행

(1) 회의 준비

일반적으로 회의 준비를 잘 하려면 회의를 통해 기대했던 좋은 결과를 얻을 수 있다. 그러므로 회의의 목적을 정확히 하고, 계획을 수립한 뒤, 참석자를 잘 선정하는 것이 필요하다.

사 례

공지 : 하단의 내용을 참조하여 회의 준비 부탁드립니다.

일시 : 6월 30일, 금요일

시간 : 오전 10시~11시

장소 : 회의실 A

의제 : 신메뉴 출시를 위한 메뉴 컨셉 회의

첨부 : 신메뉴 제안과 관련된 정보 정리

추신 : 첨부파일을 숙지하고 회의에 참석 부탁드립니다.

① 목적

회의 시작 전에 목적을 정확히 하는 것은 무엇보다 중요한 일이다. 목적은 회의를 통해 얻고자 하는 결과를 명확히 정리한 것으로 정해야 하는데, 다음의 형식을 참고해보자.

"회의가 끝나면 참석자들은 _____ 할 것이다"

예를 들어, 정보를 전달하는 회의라면 회의의 목적은 아래와 같이 정리할 수 있다.

"회의가 끝나면 직원들은 <u>신제품 출시에 따른 부서별 준비사항을 숙지하고 실행하게</u> 된다."

목적과 얻고자 하는 결과를 분명하고 구체적으로 정하게 되면 회의 시간을 정하고, 참석자들을 선정하는 것도 수월해진다. 회의 시작 전에는 다시 한 번 회의의 목적을 공유해 참석자들이 활발하게 의견을 제시할 수 있도록 한다. 또한 회의가 끝나면 목적에 부합한 결과가 도출되었는지 확인한다.

② 계획 수립

회의 목적을 정하면 다음은 어떻게 회의를 진행할지 계획을 수립할 차례이다. 회의일정은 한눈에 들어오도록 아래와 같이 작성하는 것이 바람직하다

시간	주제	기법	누가	결과
9:00 -10:30	신메뉴 개발	토론	전원	개발 메뉴 선정
10:30 - 11:30	상반기 매출보고와 동향	보고	강성신	
11:30- 1시	점심식사 및 휴식			
1:00 - 2:00	신메뉴 광고 방향 논의	브레인스토밍	전원	광고 컨셉 / 모델 선정
2:00 - 2:20	향후 행동계획	토론	전원	롤 분담
2:20 - 2:30	성찰	돌아가며 한마디		

• 주제 명시

회의 주제가 여러 개라면 초반에 집중도가 높으므로 중요한 주제는 앞에 배치한다. 그리고 각각의 주제를 어떤 방식으로 다룰지도 명시한다. 예를 들어 토론, 보고, 브레인스토밍, 발표 등 명확히 정해 놓으면 참가자들이 맞추어서 준비하고 올 수 있다.

참고로 회의를 마칠 때에는 긍정적인 분위기로 마무리할 수 있도록 한다. 회의가 성과가 있었고, 참가했던 자신에게도 도움이 되었다고 생각해야 다음 회의에 대한 기대감도 생길 수 있기 때문이다. 마지막 주제는 재미있고 회의를 정리할 수 있는 내용으로 구성해도 좋다.

• 시간 배분

주제의 중요도와 긴급도에 따라 미리 시간을 정하고 회의에 임한다. 이때 너무 빠듯한 스케줄을 짜지 않도록 주의한다. 회의 주제가 너무 많거나 시간이 부족하면 참석자들이 회의가 끝난 뒤에도 별로 남는 것이 없다는 느낌을 받게 된다. 또한 한 가지 주제에 너무 많은 시간을 쓰지 않도록 한다. 일반적인 성인의 집중시간은 45~50분으로 중간에 적절하게 휴식 시간을 갖도록 하고, 회의가 여러 개 진행된다면 회의 진행 형식을 토론, 발표 등으로 다채롭게 구성하는 것이 좋다.

• 참여유도

회의가 진행될 때 대부분의 사람들은 소극적인 태도로 임한다. 그래서 활발한 참여를 이끌어내기 위해 회의에서 발언한 사람을 우대해주는 규칙을 만들거나, 발언한 사람이 낸 아이디어가 자신의 일이 되는 것을 방지할 수 있는 나름의 방지막을 만들어 주는 것이 좋다. 또한 모든 의견은 동등하고 귀하다는 전제를 기억하고 공유한 상태에서 회의가 진행될 수 있도록 한다. 참석자들 또한 회의에 적극적으로 참여하는 것이 결국 자신을 위한 것이라는 것을 인식하고 주도적으로 회의에 임하도록 한다.

③ 참여자 선정

모든 사람이 다 회의에 참여할 필요는 없다. 그렇기 때문에 회의 목적을 고려해 누가 회의에 참석해야 하는지 잘 검토하도록 한다. 그리고 회의 주제가 여러 개인데 하나만 모두 참석해야 하는 주제라면, 그 주제를 먼저 진행해 자신에게 해당하는 회의를 마친 뒤에는 개인 업무로 복귀할 수 있도록 배려한다.

회의를 진행할 때에는 역할을 선정해 놓고 진행하는 것이 좋다. 회의를 진행하고 마무리하는 리더와, 상황에 따라 주제에 대한 브리핑을 해줄 발표자, 시간을 관리하는 사람, 서기 등을 미리 선정해 회의가 원활하게 진행될 수 있도록 한다. 그리고 이러한 역할은 돌아가며 맡아서 직원들 모두가 주인의식을 고취시키고 자발적으로 참여할 수 있도록 한다.

1분 회의록

팀 / 부서 _____   회의 일시 _____

주　　제 _____

회의 요지 _____

_____

결정 사항 _____

과제　　　책임자　　　마감일　　　보고양식

　　　　　　　　　　　　　　　　　 – 임원 보고

　　　　　　　　　　　　　　　　　 – 참석자 모두에게 메일로 공지

　　　　　　　　　　　　　　　　　 – 다음 회의에서 보고

 사 례

[점심시간도 고달픈 직장인] "밥 먹으면서 회의합시다"…빼앗긴 1시간의 자유

직장인 이명호(27 · 가명) 씨는 하루 삼시세끼를 모두 회사에서 해결하고 있다. 출근 시간이 이른데다 야근이 일상인지라 저녁도 회사에서 해결하고 일을 하는 경우가 많다.

야근이 일상화되면서 이 씨는 점심때만큼은 자유롭게 보내고 싶었지만, 상황은 여의치 않았다. 이 씨의 상사가 매번 업무지시를 점심식사 자리에서 내리기 때문이다. 점심 자리가 업무회의의 연장이 되다 보니 이 씨는 점심 약속을 잡는 것조차 부담스럽다고 답했다.

그는 "지난달 거래처 직원과 점심을 하느라 팀 회식에 빠졌다."며, "그날 식사 자리에서 중요한 업무지시가 있었는데, 나만 이를 몰라 상사에게 다시 물어본 뒤로는 점심 약속을 잡지 않게 됐다."고 설명했다.

이처럼 식사 시간까지 이어지는 업무지시에 많은 직장인이 고통을 호소하고 있다.

법적으로 점심시간은 '업무 외 시간'에 해당하지만, 실제로는 업무시간의 연장으로 여겨지는 경우가 많다. 실제로 지난해 벼룩시장이 직장인 553명을 대상으로 점심시간에 대한 설문조사를 진행한 결과, 응답자의 27.8%가 점심시간에 업무 이야기를 나눈다고 답했다. 식사 상대도 응답자의 72.7%가 '같은 팀원'이라고 답했다.

지난 2015년 진행된 한국노동사회연구소의 주요 서비스산업 노동실태조사에서도 응답한 노동자의 1주일 평균 근무시간은 44.1시간으로 조사됐다. 반면, 점심시간을 포함한 1일 평균 휴게시간은 39.6분에 불과했다. 점심시간을 30분 이상 사용하지 못하는 경우도 49.2%에 달했다.

이른바 '점심업무'를 겪는 직장인들은 이 씨처럼 "업무시간도 아닌 식사시간까지 일 때문에 스트레스를 받아야 하느냐"며 불만이다. 직장인 전재희(30) 씨도 잦은 점심시간 회의로 고통을 호소하고 있다. 전 씨는 "어차피 밤늦게까지 일해야 하는데 중간에 유일하게 쉴 수 있는 시간인 점심시간마저 빼앗긴 상황"이라며 "피로 때문에 오후 업무에도 상당한 부담이 되고 있다"고 했다.

그러나 상사 입장에서는 "주어진 업무를 끝내고 일찍 퇴근하기 위한 노하우"라는 입장이다. 한 중견기업에서 차장으로 일하는 유모(48) 씨는 "어차피 일이 많은데, 미리 업무를 배분해놓으면 야근이 그만큼 줄어든다."며, "편한 자리에서 나오는 아이디어가 업무에 도움이 될 때도 많다"고 설명했다.

사정은 다른 나라도 비슷하다. 일본은 업무 외 시간문제가 공론화되자 상사의 업무시간 외 지시를 '폭력'으로 규정했고, 프랑스는 업무 외 시간에 일하지 않을 권리를 법에 반영했다. 미국에서는 점심시간에 휴대전화로 업무지시를 하는 행위가 불법이라는 판결이 나오기도 했다. 우리나라도 관련 법제화가 진행 중이지만, 실제 제도 정착까지는 많은 시간이 소요될 것으로 보인다.

전문가들은 현실에 맞춰 노사가 자율적인 가이드라인을 만들고 이행하는 것이 더 중요하다고 조언했다. 이미 만연화된 점심 업무지시를 당장 근절하기는 어려우며, "회사와 직장인 사이의 균형을 위한 절충점을 찾으려는 노력이 필요하다."고 설명했다.

2017-06-02 [헤럴드경제=유오상 기자]

(2) 회의 진행

① 시간관리

- 정시에 시작한다.
- 늦게 오는 사람을 기다리는 것은 시간 맞춰 온 사람을 배려하지 않는 일이다.

② 규칙 수립

- 회의 준비를 해서 참석한다.
- 누군가 발언할 때 끼어들지 않는다.
- 혼자 이야기를 독점하지 않고 다양한 사람이 발언할 수 있도록 한다.
- 회의 중 잡담이나 휴대전화 사용은 금지한다.
- 직급에 상관없이 참석자를 존중하는 태도로 예의를 지킨다.
- 휴식시간을 정확히 지킨다.

③ 주제에서 벗어나지 않게 하기

회의에서 결론으로 얻고자 하는 문제해결의 답이 있다면 논리적이고 계통적인 과정으로 진행하도록 한다. 각 과정은 다음의 4단계로 이루어진다.

문제정의 → 문제 진단 → 아이디어 발산 → 아이디어 수렴^(해답 결정)

이러한 과정을 거치면서 단계 안의 과정을 명확히 하면 회의 중간에 주제에서 벗어나는 일을 줄일 수 있다.

(3) 회의 마무리

회의를 마칠 때는 다음의 세 가지 질문을 던져 회의가 잘 진행되었는지 확인한다.

① 오늘 회의에서 어떤 것을 논의했는가?

② 향후 업무처리 분배가 명확히 이루어졌는가?

③ 오늘 회의에서 어떤 것을 얻었는가?

Check List

회의 평가 양식

가장 적당하다고 생각하는 곳에 체크하시오.

	자주	종종	거의 없다
회의를 정각에 시작한다.	1	2	3
회의 일정에 맞춰 진행한다.	1	2	3
기본 규칙을 지킨다.	1	2	3
모든 참석자가 회의 내용을 숙지하고 준비를 해왔다.	1	2	3
모두 열심히 참여했다.	1	2	3
예의바르고 건설적으로 발언했다.	1	2	3
문제해결 방식에 따라 진행됐다.	1	2	3
회의 목적을 달성했다.	1	2	3
회의가 정시에 끝났다.	1	2	3
리더가 효과적으로 회의를 이끌었다.	1	2	3
논의 내용이 향후 실행되었으며 적절한 피드백이 있었다.	1	2	3

Level up Mission

신제품 출시를 위한 회의를 준비 중이다. 팀내에 전달할 공고문을 만들어보자.

----

3. 회의 커뮤니케이션

(1) 효과적인 질문 기술

① 입장 바꿔 생각하도록 유도

> 예 당신이 고객이라면 이 신제품을 고르겠습니까?

② 상대 의견 재확인을 통한 푸시 전략

> 예 방금 하신 말씀에 따르면, 이 메뉴의 성공 확률이 100이라고 확신하시는 것 같네요. 맞습니까?

③ 타당한 근거를 찾기 위한 "왜?"

> 예 "왜 그렇게 생각하십니까?", "왜 고객들이 이 메뉴에 관심이 없다고 생각하십니까?"

(2) 상대의 의견에 대한 반응법

① 상대의 의견이 회의 주제에서 벗어날 때

• "우리가 논의하고 있는 주제에 초점을 맞춰 주시겠습니까?"(주제와 맞지 않는다는 사실을 인지시킨다.)

② 대안 없이 문제만 지적할 때

• "저또한 여기 말씀하신 문제들을 인식하고 있습니다. 지금 OO 씨가 생각하고 있는 해결책이 어떤 것인지 궁금하네요."(구체적인 해결책을 요구한다.)

③ 나와 같은 의견이 나왔을 때

• "저도 같은 생각입니다. 그런데 그 방법이 적용되었을 때 혹시 문제점은 없을까요? 혹시 이 부분은 생각해보셨나요?(적극적으로 동의하고 내용을 발전시킬 수 있도록 돕는다)

(3) 효과적인 메모의 기술

① 중요한 내용은 밑줄이나 다른 색 펜을 통해 핵심이 한눈에 보이게 정리한다.
② 그림이나 마인드 맵 등의 도구를 통해 쉽고 간단히 메모한다.

(4) 회의시에 참고할 비언어 커뮤니케이션

① 팔짱을 낀다 : 팔짱을 끼는 것은 자신을 보호하고 방어하려는 무의식적인 행동으로, 회의에서 이 같은 모습이 보인다면 상대의 의견을 쉽게 수용하지 않겠다는 무언의 표시라고 볼 수 있다.

② 소매를 걷어 올린다 : 당신의 의견에 반대한다는 표현일 가능성이 높다.

③ 손가락으로 장난을 친다 : 무료함, 지루함에서 벗어나고자 하는 행동이다.

④ 턱 밑에 양손을 괸다 : 집중 할 때 나오는 자세로 상대의 의견에 관심이 있다는 뜻이다.

⑤ 다리를 흔든다 : 불안함을 느끼고 있는 상태로 상대의 의견에 대응할 말이 생각나지 않거나 무언가 자신에게 불리하다고 생각하는 상태

 학습평가 Quiz

1 회의를 마칠 때 사용하는 3가지 핵심 질문에 해당하지 않는 것은?

① 오늘 회의에서 어떤 것을 논의했는가?

② 회의는 부서의 모든 사람이 참석했는가?

③ 향후 업무처리 분배가 명확히 이루어졌는가?

④ 오늘 회의에서 어떤 것을 얻었는가?

2 참여형 회의의 종류로 올바르게 묶인 것은?

① 문제해결형 회의, 아이디어 창출 회의

② 아이디어 창출 회의, 교섭 회의

③ 문제해결형 회의, 사례탐구 회의

④ 사례탐구 회의, 아이디어 창출 회의

3 다음 중 문제해결형 회의의 목적에 해당하지 않는 것은?

① 현안을 해결하는 것

② 문제발생을 예방하는 것

③ 문제상황의 재발을 방지

④ 발생문제를 유지

④ 회의 목적을 정하면 다음은 어떻게 회의를 진행할지 계획을 수립할 차례이다. 회의 일정은 한눈에 들어오도록 아래와 같이 작성하는 것이 바람직하다. 빈칸에 알맞은 말을 순서대로 적으시오.

시간	( )	( )	( )	( )
9:00-10:30	신메뉴 개발	토론	전원	개발 메뉴 선정
10:30-11:30	상반기 매출보고와 동향	보고	권영옥	
11:30- 1시	점심식사 및 휴식			
1:00-2:00	신메뉴 광고 방향 논의	브레인스토밍	전원	광고 컨셉/모델 선정
2:00-2:20	향후 행동계획	토론	전원	롤 분담
2:20 -2:30	성찰	돌아가며 한마디		

⑤ 회의 진행 시에 주제에서 벗어나지 않기 위한 회의 진행 프로세스를 적으시오.

학습내용 요약 Review (오늘의 Key Point)

① 회의 준비를 잘 하려면 회의를 통해 기대했던 좋은 결과를 얻을 수 있다.
회의의 목적을 정확히 하고, 계획을 수립한 뒤, 참석자를 잘 선정하는 것이 필요하다.

② 회의 진행시에 주제에서 벗어나지 않고 안건의 해결에 집중하기 위해서 [문제정의 → 문제 진단 →
아이디어 발산 → 아이디어 수렴(해답 결정)] 프로세스에 따른다.

③ 회의를 마칠 때는 다음의 세 가지 질문을 던져 회의가 잘 진행되었는지 확인한다.

① 오늘 회의에서 어떤 것을 논의했는가?

② 향후 업무처리 분배가 명확히 이루어졌는가?

③ 오늘 회의에서 어떤 것을 얻었는가?

NCS
의사소통
능력

Chapter

11

Chapter 11

설득력있는
의사표현

1. 설득의 개념과 프로세스
2. 설득의 6가지 법칙
3. 설득력 있는 의사표현

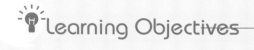 Learning Objectives

1. 설득의 개념과 프로세스를 설명할 수 있다.
2. 설득의 6가지 법칙을 설명할 수 있다.
3. 설득력 있는 의사표현에 대해 설명할 수 있다.

제갈량에게 배우는 설득법

상대의 마음을 읽어 내는 제갈량의 탁월한 통찰력은 현대인들에게 매우 중요하다. '지피지기 백전백승(知彼知己百戰百勝)'이란 말이 있다. '적을 알면 백 번 싸워 모두 이긴다.'는 뜻이다. 상대방의 전략과 내부 상황을 알면 그만큼 유리하다는 것이다. 개인과 개인, 개인과 단체, 기업과 기업, 국가와 국가 간에도 상통하는 말이다. 물론 싸우지 않고 이긴다면 그야말로 최상의 방법이다. 그러나 매우 어려울 뿐만 아니라.. 확률적으로도 매우 미미할 수밖에 없다.

제갈량은 상대의 마음을 읽어 내는 눈이 밝았다. 상대가 무슨 생각을 하는지, 무엇을 원하는지를 알고 대비하였기에 원하는 것을 얻었다. 유비는 제갈량이 하는 말이라면 무엇이든 들어주었다. 제갈량이 하는 말들이 유비의 마음을 움직였기 때문이다. 제갈량은 유비가 원하는 것이 무엇인지 마음을 읽고 말했던 것이다.

현대는 다양성이 요구되는 사회이다. 개개인끼리는 물론 각 계층마다 만남이 빈번하고, 인간관계의 중요성이 어느 때보다도 크다. 인간관계에 있어 가장 보편적인 방법은 대화이다. 대화를 통해 나의 생각을 전하고 원하는 것을 얻어 낸다.

무조건적인 대화는 별 효용 가치가 없다. 추구하는 것을 실현하기 위해서는 상대를 나의 생각 안으로 끌어들여야 한다. 이것이 쉽지가 않다. 상대 역시 같은 입장이다. 그러니까 어떻게 해서라도 상대를 나의 생각 안으로 끌고 들어와 동의하게 해야 한다. 이를 성공적으로 하느냐, 그렇지 않느냐에 따라 결과는 완전히 극과 극으로 나타난다.

상대로부터 내가 원하는 것을 얻으려면 어떻게 해야 할까. 바로 나의 생각에 동의하게 상대를 설득하는 것이다. 설득을 잘하느냐 못하느냐에 따라 모든 성패가 달려 있다고 해도 지나침이 없다. 설득이 그만큼 중요하다.

[출처] 〈책사들의 설득력〉, 김옥림, 팬덤북스, p.23

11장에서는 설득의 개념과 중요성에 대해 살펴볼 것이며, 설득의 6가지 법칙도 함께 학습한다. 또한 설득력 있는 의사표현 방법을 학습해본다.

1 다음 중 설득의 5단계 프로세스에 해당되지 않는 것은?

① 귀를 기울인다.　　　　　　　　② 공감한다.

③ 이해한다.　　　　　　　　　　　④ 결정한다.

2 다음 중 '황금률의 법칙'과 같은 맥락의 법칙은 무엇인가?

① 일관성의 법칙　　　　　　　　　② 호감의 법칙

③ 상호성의 법칙　　　　　　　　　④ 권위의 법칙

3 사람들은 어떤 행위나 요구 혹은 결정을 할 때, 대부분 남들이 하는 대로 따라하려는 경향이 있는데 이것은 어떤 설득의 법칙인가?

① 일관성의 법칙　　　　　　　　　② 사회적 증거의 법칙

③ 상호성의 법칙　　　　　　　　　④ 권위의 법칙

1. 설득의 개념과 프로세스

(1) 설득의 개념

설득(persuasion)은 다양한 형태의 의사소통 행위를 사용해 상대방의 신념, 태도, 가치관, 행동에 변화를 줄 수 있는 것을 의미한다. 인간은 다른 사람과의 관계 속에서 도움을 주기도 하고 받기도 하면서 살아가는 존재이다. 아무리 아는 것이 많고 실력이 뛰어난 사람이라도 모든 일을 스스로 해결할 수는 없다. 따라서 다른 사람의 도움을 얼마만큼 잘 받아낼 수 있느냐가 그 사람의 실력을 평가하는 잣대가 되기도 한다. 그런데 사람마다 각자 성격과 생각이 다르고 처한 입장이 다르기 때문에 다른 사람을 내 뜻대로 움직여서 내 사람으로 만드는 일이 결코 쉽지만은 않다. 말하는 데에 어떤 특별한 이론이 필요한 것은 아니지만, 상황에 맞는 전략과 요령이 필요한 것은 분명한 사실이다. 주변 사람들이 자신을 따르게 하기 위해서는 지금과는 다른 새로운 설득 기술이 필요하다.

(2) 설득의 프로세스

설득은 일반적으로 5가지 프로세스를 거쳐 결과가 나오게 되는데, ① 먼저 상대방이 자신의 이야기에 귀를 기울일 수 있도록 분위기를 유도하고, ② 알아듣기 쉬운 말과 태도로 설명을 하여 이해시킨 다음, ③ 상대방의 입장을 충분히 이해해 요구나 제시를 받아들일 만한 가치가 있다는 납득과정을 통해, ④ 긍정적인 의사 결정을 유도해, ⑤ 최종적으로 실행하도록 하는 방법이다. 특히 상대방이 믿을 만한 자료나 구체적인 근거가 뒷받침 되어야 더 빠른 실행결과를 얻을 수 있다.

[출처] 〈비즈니스 커뮤니케이션〉, 박상희 저, 대왕사 2015, p. 164

2. 설득의 6가지 법칙

상대로부터 내가 원하는 것을 얻으려면 어떻게 해야 할까. 미국 애리조나 주립대학 심리학과의 로버트 치알디니 교수는 '사람의 마음을 사로잡는 6가지 불변의 법칙'이라는 제목으로 설득의 심리학을 잘 설명하고 있다. 아래에 설득의 6가지 법칙에 대해 살펴본 후 대화에 임한다면 훨씬 더 효과적으로 내가 원하는 것을 얻게 될 것이다.

(1) 호감의 법칙

사람들은 자신이 좋아하는 사람이 하는 것은 모두 좋아 보이기 마련이다. 또한 자신을 좋아해주는 사람을 좋아하며 자신과 유사한 부분이 많으면 호감을 가지게 된다. 이것이 인간 사이의 호감의 법칙이다.

우리가 좋아하는 사람이 어떤 부탁을 하면 냉정하게 거절하지 못하고, 상대방의 부탁을 들어주는 것이 대부분 사람들의 일반적 성향이다. 미국 자동차 판매왕 조 지라드의 말을 빌리면, 고객은 그들이 좋아하는 영업사원에게 차를 구입한다고 한다. 이는 자기가 좋아하는 사람이 말하면 설득이 잘 된다는 것이다.

(2) 상호성의 법칙

상대방을 설득하고자 할 때 내가 무언가를 받고 싶으면, 내가 먼저 상대방에게 주는 경우가 많다. 'Give and Take', '황금률의 법칙'과 같은 상호성의 법칙을 협상에서 활용하면 내가 먼저 하나 양보하면 상대방도 하나 양보하겠지라고 생각할 수 있는 '일보후퇴 이보전진' 설득 전략이 될 수 있을 것이다.

저명한 문화인류학자인 리키(Leakey)는 상호성의 법칙이야말로 인간을 인간답게 하는 가장 중요한 원천이라고 규정하고 있다. 그의 주장에 따르면 우리가 인간답게 된 것은 우리의 조상들이 가진 식량과 기술을 서로 나누는 방법을 습득하였기 때문이라고 한다.

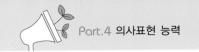

(3) 사회적 증거의 법칙

사람들은 어떤 행위나 요구 혹은 결정을 할 때, 대부분 남들이 하는 대로 따라하려는 경향이 있다. 즉, 사회적으로 남들이 많이 하는 것을, 자신도 하고 싶어 하는 것이다. 수많은 다이어트 방법 중에서 인기를 끄는 방법이 언론매체에 소개되었다면 사람들은 자신의 체질이나 건강에 상관없이 인기 있는 다이어트 방법을 따라한다. 인간은 사회적 동물이기 때문에 타인이 느끼는 감정과 유사하게 느끼고, 설득되는 심리를 가지고 있다.

(4) 일관성의 법칙

일관성의 법칙은 우리가 지금까지 행동해 온 것과 일관되게 혹은 일관되게 보이도록 행동하려 하는 거의 맹목적인 욕구를 말한다. 일단 우리가 어떤 선택을 하거나 입장을 취하게 되면, 그러한 선택이나 입장과 일치되게 행동해야 한다는 심리적 부담감을 느끼게 된다. 그리하여 그러한 부담감은 우리가 이전에 취한 선택이나 입장을 정당화하는 방향으로 행동하게 만들고 있다(Fazio, Blascovich, & Driscoll, 1992).

예를 들면, 홈쇼핑이나 인터넷쇼핑 후 게시판에 베스트상품평을 쓴 고객에게 추가 증정품을 보내주겠다고 하면 이에 공모한 사람들은 포상의 유무와 상관없이 그 제품의 열렬한 응원자가 되는 것이다.

(5) 권위의 법칙

권위의 법칙은 보편적으로 누구나 활용하는 설득 기법이다. 즉, 어떤 분야의 권위자의 말은 당연히 말에 힘이 실린다. 어느 분야의 전문가는 해당 분야의 문제점을 상대방에게 설득시키기가 쉽다. 예를 들어, 화장품 광고에 저명한 피부과 의사가 나와서 주름을 없애주는 성분이 들어있다고 하면 소비자들을 설득하는데 더 효과적인 경우도 이러한 권위의 법칙에 해당된다고 할 수 있다.

(6) 희소성의 법칙

사람들은 귀한 것을 갖고 싶어하는 본능을 가지고 있다. 특히 이 순간이 지나고 나면 없어지는 많은 것들에 대한 애착이 많다. 홈쇼핑 방송에서 자주 등장하는 "이 조건, 오늘 이 방송이 마지막입니다. 매진 임박입니다."라는 시간제한 또는 숫자제한 등이 있다. 이런 방송을 보면 당장 사야할 것 같고, 안사면 안 될 것 같은 조급한 마음이 든다. 사람의 마음을 조급하게 만들어 설득하는 것이다.

또한 보통 사람들은 자신이 갖지 못한 것을 더 갖고 싶어한다. 로미오와 줄리엣 효과처럼 주변에서 반대하는 사람과 더 결혼하고 싶거나 한정판 시계를 꼭 사야할 것 같은 심리이다.

 Level up Mission

아래에 제시된 심리의 6가지 법칙과 각각의 예를 연결하시오.

호감의 법칙 · · 샘플을 받아본 상품은 사게 될 가능성이 높다.

상호성의 법칙 · · 내가 선택한 상품과 서비스가 최고라고 믿고 싶어한다.

사회적 증거의 법칙 · · 한정판매, 백화점 세일 마지막 날에 사람이 몰린다.

일관성의 법칙 · · 전문가가 추천한 상품, 상 받은 상품에 기울어진다.

권위의 법칙 · · 잘 생긴 피의자가 무죄 판결을 받을 가능성이 높다.

희소성의 법칙 · · '가장 많이 팔린' 상품은 '더 많이' 팔릴 것이다.

사례 : 최고의 설득법 – 스토리텔링

찰스 마이클 임은 창업자들을 대상으로 경연하는 미국 ABC방송의 〈샤크 탱크〉에 나가 25만 달러를 투자해 달라고 요청했다. 그의 발표는 다음과 같이 효과적인 스토리텔링의 중요한 요소들을 드러냈다.

"안녕하세요. 저는 찰스 마이클 임이라고 하며, 〈브레소미터〉의 창립자이자 CEO입니다. 여러분이 디너 파티장이나 (스포츠 팀 소유주인 마크 큐번을 가리키며) 음주 모임 혹은 (5잔의 샴페인이 놓인 작은 탁자를 가리키며) 바에 있다고 가정합시다. 일단 한 잔씩 하시겠습니까?(심사위원들은 임이 건넨 샴페인으로 건배를 한 후 발표가 계속되는 동안 마신다.) 보통 어떻게 진행되는지 아실 겁니다. 음식을 먹고 술도 마시죠. 그러다가 어느새 시간이 다 되어 집으로 가야 합니다. 가장 중요한 문제는 차를 몰아도 되냐는 거죠. 그렇다고 누가 거추장스럽게 음주측정기를 갖고 다니겠습니까?(임은 경찰들이 쓰는 음주측정기를 들어 보인다.) 그래서 우리는 브레소미터를 개발했습니다. 최초의 스마트폰 음주측정기죠. 주머니에 들어갈 정도로 아주 작습니다.(스티브 잡스를 흉내 내며 청바지 주머니에서 작은 기기를 꺼낸다.) 어떻게 쓰는지 보여드리죠. 이렇게 오디오 잭을 빼서 스마트폰에 끼운 다음 앱을 켭니다.(기기에 대고 입김을 분다.) 그러면 몇 초 만에 알코올 수치를 알 수 있습니다. 그뿐만 아니라 술이 깨는데 얼마나 걸리는지 알려주며, 필요한 경우 버튼만 누르면 택시를 부를 수 있습니다. 사람들이 이 기기를 통해 현명하고 안전한 결정을 내리도록 돕는다는 우리의 사명에 동참해 주십시오!"

발표가 끝난 후 프로그램 역사상 처음으로 5명의 심사위원들이 모두 투자하기로 결정했다. 투자 총액은 100만 달러였다. 임이 탁월한 성공을 거둔 것은 설득력있는 내용으로 스토리텔링 기법을 사용했기 때문이다.

[출처] 〈최고의 설득〉, 카민 캘로 저, 김태훈 역, RHK, 2017, p.203

3. 설득력 있는 의사표현

(1) 긍정의 분위기 조성

'Yes'라고 긍정할 때는 몸의 생리 구조가 이완되어 외부의 자극을 편안히 받아들이는 부드러운 상태가 된다. 단호하게 거절하는 사람은 'NO'라는 정신적 준비 상태에 놓여 있으므로 거북한 표정이나 자세를 취하는 것이 보통이다. 이러한 사람에게 다짜고짜 자기 의견을 늘어놓으면 오히려 'NO'라는 정신적 준비 상태를 더 강화시켜줄 뿐이다. 상대방을 설득하는 것이 아니라 'NO'라는 마음을 더욱 확고히 해주는 꼴이 된다. 이때 먼저 상대방이 긴장을 풀고 반사적으로 'Yes'라고 대답할 수 있는 평범한 질문을 의도적으로 몇 가지 던져 보는 것이 좋다.

(2) 대비효과

사물을 판단할 때 우리는 무의식 중에 여러 조건을 대비시켜 본다. 이쪽에서 어떤 조건을 제시하면 상대방은 일방적인 상식을 기준으로 그것을 판단하려 한다. 일반적 판단 기준과 제시되는 조건을 대비시켜 그것을 평가하려는 것이 인간의 심리이다. 상대방에게 상식에 벗어나는 조건과 자기가 제시하고자 하는 조건을 동시에 제시해 보라.

이것이 소위 '대비효과'라는 것으로서 큰 손해를 입기보다는 작은 손해를 감당하는 것이 낫다는 심리에서 비교적 손해가 덜한 것을 선택하는 것이다. 아인슈타인의 상대성이론을 인용하지 않더라도 이 세상에서 일어나는 모든 일은 상대적인 것이다. 따라서 어떤 현상에 대한 절대적인 평가나 판단기준은 있을 수 없다.

(3) 인용

일반인들은 신문이나 잡지 서평에서 권위 있는 사람이 추천하는 책은 좋은 책이라는 생각을 하게 된다. 이것은 일종의 착각이다. 우리는 추천된 책과 추천자의 권위를 무의식적으로 동일시하고 있다. 이러한 심리는 일상생활의 여러 장면에서 나타난다. 텔레비전의 광고나 홍보 포스터에 저명인이나 권위자를 등장시키는 것도 똑같은 심리학적 원리를 응용한 것이라고 할 수 있다. 광고의 수신자는 선전되는 상품과 등장인물의 이미지를 심층 심리에서 일치시켜 인지한다. 이러한 심리적 효과는 절대적인 힘을 가진다. 그러므로 설득에 뛰어난 사람은 권위 있는 사람의 말이나 작품을 인용하여 자신의 말을 정당화시킨다.

(4) 구체적 차이 인식

가정에서도 용돈 인상 요구, 귀가 시간 연장 요구 등의 구체적 문제로 자녀들의 요구가 거세어지는 경우가 많다. 이때 그들은 눈앞의 현실에만 집착하여 자신의 주장만을 늘어놓을 것이다. 그런 이들은 평범한 설득으로는 물러서려 하지 않고 잔뜩 벼르고 있으므로 논리적인 설득도 별반 효과가 없을 것이다. 구체적이고 현실적인 요구의 밑바탕에 있는 보다 근본적이고 추상적인 문제를 이끌어 내는 것이 좋다. 예를 들어, 용돈을 많이 올려 주기를 바라는 자녀들에 대해서는 성인이 될 때까지 드는 비용이나 불황에 허덕이는 경제, 가정 경제와의 관계, 또 그들이 해야 할 본분 등의 기본 문제를 들려준다. 이런 식으로 자신의 요구가 현실과 괴리되어 있다는 점을 서서히 인식시켜 주는 것이다.

(5) 동조 심리

인간은 동조 심리에 의해 행동하는 수가 많다. 한 마디로 말하면 대부분의 다른 사람들과 같은 행동을 하고 싶어 하는 심리이다. 이것은 유행이라는 현상을 생각하면 쉽게 알 수 있다. 다른 사람들과 같아지고 싶은 충동이 유행을 추구하게 만든다. 사람들끼리 다툰다거나 반감을 가지고 있을 때는 이러한 동조 심리가 작동하지 않는다.

회사에 불만이 가득한 부하 직원이 있다고 하자. 이런 부하 직원을 회사 일에 적극적으로 협조하게 만들려면 그와 공동의 적을 만드는 방법이 있다. "이번에도 실적이 떨어지면 자네와 나는 지방 영업소로 밀려나겠지?"라는 식으로 가상의 적을 만들면, 동조 심리가 적용하여 불평만 늘어놓던 부하 직원은 상사에게 협력하게 된다.

또한 라이벌 의식을 부추기는 것도 한 가지 방법이다. 좀처럼 협력하지 않는 상대를 설득시키려면 공동의 적을 만들어 함께 방어할 생각을 가지게 하면 효과적이다. 이쪽에서 열심히 설득하면 '자기 넋두리만 늘어놓고 있군.' 하면서 오히려 반발심을 가진다. 이러한 유형의 사람은 '자아'라는 방벽을 튼튼히 쌓아두고 있으므로 어떤 설득에도 움직이려 하지 않는다. 이러한 사람을 설득하기 위해서는 '우리'라는 표현을 자주 사용함으로써 서로 공통점이 있다는 것을 깨우쳐 주어야 한다. 이런 타입은 자아에 민감하고 귀속 의식도 강하므로 '우리'라는 말을 자주 쓰면 이쪽으로부터 강요받고 있다는 생각을 가지지 않게 된다. 다시 말하면 강요받기를 싫어하는 상대방에게는 이쪽의 주관만 내세우지 말고 공동의 목표를 찾아보자고 회유해야 한다.

(6) 칭찬

설득을 하기 전에 일단 상대방의 입장에 서서 지금까지의 노고를 치하할 필요가 있다.

상대방에게 있어 가장 견디기 힘든 것은 지금까지 열심히 해 온 일을 대수롭지 않게 여기는 때이다. 그래서는 설득하기가 어려울 수밖에 없다. 그러므로 "당신들이 열심히 해온 것을 잘 압니다. 그러나 문제가 있는 것도 사실입니다."라고 강조하는 것이 중요하다. 그리고 "지금까지 애써 왔지만 보다 완벽한 것이 될 수 있도록 한 번 더 노력해 주기를 바랍니다."라고 부탁하면 상대방은 지금까지의 노력이 허사가 되지 않게 하기 위해서 보다 전향적인 자세로 이쪽의 요구에 응하게 된다.

 상대를 설득하는 12가지 원칙

탁월한 동기 부여가이자 〈데일 카네기 인간관계론〉의 저자인 데일 카네기는 상대를 '설득하는 12가지 원칙'을 다음과 같이 말했다. 데일 카네기의 '설득하는 12가지 원칙'에서 보듯, 상대를 설득하기 위해서는 많은 노력이 필요하다. 무엇이든 그냥 잘되는 일은 없다. 그만한 열정과 노력을 기울여야 한다. 문제는 간단하다. 내가 원하는 것을 얻기 위해서는 상대를 설득해야 한다. 나만의 설득법을 길러야 한다.

[상대를 설득하는 12가지 원칙]

1. 논쟁을 가장 잘 이용하는 유일한 방법은 논쟁을 피하는 것이다.
2. 다른 사람의 의견을 존중한다는 것을 보여 주어라. "당신이 틀렸습니다."라는 말은 절대로 하지 마라.
3. 틀렸다면 재빨리 인정하라.
4. 우호적인 태도로 이야기를 시작하라.
5. 상대가 즉시 "네, 네"라고 말하게 하라.
6. 상대가 더 많이 이야기하도록 하라.
7. 상대로 하여금 자신의 아이디어라고 생각하게 하라.
8. 다른 사람의 관점에서 보려고 진심으로 노력하라.
9. 다른 사람의 생각에 공감하라.
10. 숭고한 동기에 호소하라.
11. 아이디어를 드라마틱하게 각색하라.
12. 뛰어나고 싶다는 욕망을 자극하라.

[출처] 〈책사들의 설득력〉, 김욱림, 팬덤북스, p.23

1 다음 중 '한정판매, 백화점 세일 마지막 날에 사람이 몰린다.'과 같은 맥락의 설득법칙은 무엇인가?

① 희소성의 법칙   ② 호감의 법칙

③ 상호성의 법칙   ④ 권위의 법칙

2 다음 중 '권위의 법칙'에 해당하는 내용은 무엇인가?

① 샘플을 받아본 상품은 사게 될 가능성이 높다.

② 잘 생긴 피의자가 무죄 판결을 받을 가능성이 높다.

③ '가장 많이 팔린' 상품은 '더 많이' 팔릴 것이다.

④ 전문가가 추천한 상품, 상 받은 상품에 기울어진다.

3 설득력있는 의사표현을 하기 위한 방안이 아닌 것은?

① 대비효과   ② 인용

③ 동조 심리   ④ 권위의식

4 아래의 내용은 설득력있는 의사표현을 하기 위한 방안 중 어느 것에 해당되는가?

라이벌 의식을 부추기는 것도 한 가지 방법이다. 좀처럼 협력하지 않는 상대를 설득시키려면 공동의 적을 만들어 함께 방어할 생각을 가지게 하면 효과적이다.

5 '설득(persuasion)'의 의미를 쓰시오.

학습평가 Quiz

1 설득^(persuasion)'이란 다양한 형태의 의사소통 행위를 사용해 상대방의 신념, 태도, 가치관, 행동에 변화를 줄 수 있는 것을 의미한다.

2 설득의 5단계 프로세스는 ① 귀를 기울인다 ② 이해한다 ③ 납득한다 ④ 결정한다 ⑤ 실행한다 이다.

귀를 기울인다.　이해한다.　납득한다.　결정한다.　실행한다.

3 설득의 6가지 법칙은 ① 호감의 법칙, ② 상호성의 법칙, ③ 사회적 증거의 법칙, ④ 일관성의 법칙, ⑤ 권위의 법칙, ⑥ 희소성의 법칙이다.

설득의 6가지 법칙	예시
호감의 법칙	잘 생긴 피의자가 무죄 판결을 받을 가능성이 높다.
상호성의 법칙	내가 선택한 상품과 서비스가 최고라고 믿고 싶어 한다.
사회적 증거의 법칙	'가장 많이 팔린' 상품은 '더 많이' 팔릴 것이다.
일관성의 법칙	샘플을 받아본 상품은 사게 될 가능성이 높다.
권위의 법칙	전문가가 추천한 상품, 상 받은 상품에 기울어진다.
희소성의 법칙	한정판매, 백화점 세일 마지막 날에 사람이 몰린다.

4 설득력 있는 의사표현을 하기 위한 방안은 ① 긍정의 분위기 조성, ② 대비효과, ③ 인용, ④ 구체적 차이 인식, ⑤ 동조 심리, ⑥ 칭찬 등이 있다.

NCS
의사소통
능력

Chapter

12

Chapter 12

의사표현으로서의
프레젠테이션

1. 프레젠테이션의 개념과 목적
2. 프레젠테이션의 프로세스
3. 효과적인 프레젠테이션 방안

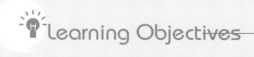 Learning Objectives

1. 프레젠테이션의 개념과 목적을 설명할 수 있다.
2. 프레젠테이션의 프로세스에 대해여 설명할 수 있다.
3. 효과적인 프레젠테이션 방안에 대해 설명할 수 있다.

핵심 메시지만 담아라.

50년이 지난 지금까지도 대부분 사람들이 기억하는 메시지가 있다. 마틴 루서 킹 목사의 '나에게는 꿈이 있습니다 (I have a dream)'라는 문장이다. 평등과 자유를 갈망하는 핵심주제를 잘 나타내는 문장이다. 핵심 메시지는 한자어, 전문용어, 축약어는 배제하고 이해하기 쉽게 표현하는 것이 좋다. 특히, 본문과의 연관성이 핵심이다. 본문의 모든 메시지가 이 핵심 문장을 뒷받침한다면 더욱 효과적이다.

나에게는 꿈이 있습니다.

언젠가 이 나라가 모든 사람은 평등하다는 것을 진실로 받아들이고 그 신념대로 사는 날이 오는 것입니다.

나에게는 꿈이 있습니다.

내 아이들이 피부색으로 평가받지 않고 그들의 인격으로 평가받는 날이 오는 것입니다.

나에게는 꿈이 있습니다.

언젠가 흑인 소년 소녀들이 형제자매로서 백인 소년 소녀들과 손을 잡고 함께 걸을 수 있는 그날이 오는 것입니다. (중략).

1963년 8월 28일 마틴 루서 킹 목사의 연설 中

[출처] 〈삼성처럼 프레젠테이션하라〉, 박지영 저, 라온북, 2016, p.123

12장에서는 프레젠테이션의 개념과 특성에 대해 살펴볼 것이며, 프레젠테이션의 프로세스도 함께 학습한다. 또한 효과적인 프레젠테이션 방안에 대해서도 학습해본다.

1 다음 중 프레젠테이션의 목적이 아닌 것은?

① 행동화

② 커뮤니케이션

③ 설득

④ 정보제공

2 다음 중 프레젠테이션 기획단계에 해당하지 않는 것은?

① 환경분석 ② 자료준비

③ 내용구성 ④ 수정·보완

3 연단공포증을 없애기 위한 방법을 설명한 것으로 잘못된 것은?

① 인간의 언어 행위는 두뇌의 환기작용의 결과이기 때문에, 적절히 휴식한다.

② 청자가 나의 상사이거나, 장군이거나, 고관이거나, 연장자라면, 연단에서 청자의 신분을 의식해야 한다.

③ 할당된 시간보다 더 많은 시간 동안 스피치 할 내용을 준비한다.

④ 청중의 눈을 봐야 하는 상황이 어렵다면, 창밖을 쳐다보지 말고 청중의 코를 본다.

1. 프레젠테이션의 개념과 목적

(1) 프레젠테이션의 개념

발표(presentation)란 프레젠터(발표자)가 원하는 의도와 목적 달성을 위해 특정 주제를 다수의 청중들이 알기 쉽게 전달하는 의사소통 방법이다. 우리는 일상생활에서도 자주 프레젠테이션을 하고 있다. 스티브 잡스처럼 무대 위에서 멋진 디자인을 보여주며 내용을 전달하는 프레젠테이션뿐만 아니라, 학교에서 조별과제 내용을 발표하는 것, 직장 내 회의 시간의 발표도 프레젠테이션이다. 그 중에서도 특히 '비즈니스 프레젠테이션'이란 비즈니스 상의 목적을 달성하기 위해 실행하는 프레젠테이션으로, 프레젠터가 준비한 핵심 메시지를 바탕으로 상대를 설득하는 커뮤니케이션 행위라고 할 수 있다.

(2) 프레젠테이션의 목적

프레젠테이션을 실시하는 목적에 의해 [그림 12-1]과 같이 분류할 수 있다. 먼저 설득 목적은 청중이 특정 주제나 사안에 대한 태도를 변화시켜, 어떤 일을 실행하기로 결심하게 만드는 것이다. 동기부여를 위한 프레젠테이션은 특정 주제에 대하여 관심을 가지도록 변화시켜 실행할 수 있는 마음을 가질 수 있도록 하는 것이다. 정보제공을 위한 프레젠테이션은 청중들이 특정 내용에 대해 모르는 것을 알게 하기 위한 것이다. 마지막으로 행동화를 위한 프레젠테이션은 청중이 특정 행동을 취하게 만들기 위한 것으로 단체나 협회 등에서 캠페인 홍보 및 참여 방법으로 쓰이기도 한다.

[그림 12-1] 프레젠테이션의 목적

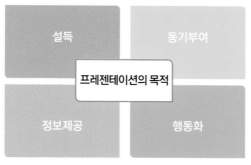

[출처] 〈프레젠테이션 프로페셔널〉, 유종숙·최환진 저, 커뮤니케이션북스, 2014

2. 프레젠테이션의 프로세스

프레젠테이션의 프로세스는 크게 기획단계와 실행단계로 나눌 수 있다. 기획단계에서는 프레젠테이션을 하는 목적을 확인하고 청중 및 상황을 고려하는 환경 분석, 발표자료 수집 및 준비 그리고 발표내용을 구성한다. 실행단계에서는 준비한 발표내용을 연습해보고 이를 수정·보완한 후 발표한다.

 [그림 12-2] 프레젠테이션 프로세스

(1) 기획단계

① 목적 확인

효과적인 프레젠테이션을 하기 위해서는 우선 프레젠테이션을 하는 목적을 확인하여 성취하고자 하는 목표를 명확히 하는 것이 중요하다. 예를 들면, 취업면접 시에 진행되는 프레젠테이션이라면 이 프레젠테이션의 최종 목표는 면접합격일 것이다. 이렇듯 "이 프레젠테이션을 통해서 달성하고자 하는 것이 무엇인가?"의 목적을 확인하는 것이 기획단계의 첫걸음이다.

② 환경 분석

프레젠테이션을 하는 목적을 확인한 이후에는 정보수집을 하여 환경을 분석해야 한다. 프레젠테이션의 청중에 대한 분석과 주변 상황에 대한 분석 등 다양한 정보를 수집할수록 도움이 된다고 할 수 있다. 정보수집 단계에서 가장 중요한 것은 청중에 대한 분석이며, 그들이 어떠한 동기를 가지고 이 프레젠테이션을 듣는가에 대한 니즈파악이 프레젠테이션의 성공을 판가름 짓는다.

③ 자료 준비 및 내용 구성

목적에 맞고 청중의 니즈가 반영된 자료를 수집한 뒤 발표내용을 구성하는데, 이 단계에서 중요한 것은 '3'이라는 숫자이다. 발표내용을 구성할 때는 핵심만 간단히 해야 한다. 많은 내용이라면 3개 이내의 항목으로 규정하여 효과적인 전달을 해야 한다. '대-중-소', '과거-현재-미래', '좋음-보통-나쁨', '서론-본론-결론' 등 우리는 세 가지로 요약하는 것에 익숙하여 실제로 전달할 때 '3'이라는 숫자는 힘을 발휘한다.

(2) 실행단계

실행단계에서는 프레젠테이션 리허설을 통한 수정·보완을 하여 프레젠테이션의 완성도를 높이도록 한다. 예행 연습에 중요한 것은 스피치 연습이다. 이를 통해 스피치가 매끄럽게 진행되는지, 앞뒤의 내용이 자연스럽게 연결되는지 등을 점검해 볼 수 있다. 프레젠터 본인의 음성이나 억양, 발음, 속도 등을 체크하여 실수가 없는지 여부를 사전에 체크해 보아야 한다.

 Tip   **프레젠테이션, 숫자 3의 힘**

프레젠테이션에서 핵심 메시지에는 숫자를 붙여 말하라.

신참 시절, 나의 멘토 중 하나는 누구보다 성공했지만 겸손을 잃지 않는 퇴직 기자였다. 성공과 겸손이라니 배울 점이 많은 완벽한 조합이었다.

고객과 동부 해안의 언론사 방문 홍보를 준비하는 동안 우리는 그에게 언론가 인터뷰를 조언했다. 그 중 멘토가 고객에게 해준 핵심 조언은 메시지에 '숫자 표시'를 하면 그때부터 기자가 메모를 하거나 주목하리라는 것이었다.

숫자 표시란 당신이 전달하고자 하는 핵심 아이디어에 번호를 매기는 것이다. 나의 멘토는 고객에게 "기억해야 할 중요한 3가지는..."이라고 말하는 순간 기자가 마법처럼 관심을 보일 것이라고 말했다.

이것이 사람들의 관심을 끌고 나가는 강력한 방법이다. 짧은 목록으로 걸러낸 정보를 조직하고 전달하라.

숫자 표시의 장점 3가지는

첫째, 논리적이고 간단한 표현이 가능해진다. 그래서 당신은 물론 청중도 이야기의 흐름을 따라가기가 쉽다.

둘째, 균형과 질서를 잡아준다. 여러 가지 핵심 메시지를 고르게 강조할 수 있다. 또한 상대가 얼마나 들어야 하는지, 당신이 얼마나 이야기할 것인지를 분명히 예상할 수 있다.

셋째, 듣는 사람의 집중력을 유지할 수 있다. 전체 이야기에서 어디쯤 와있는지 알면 관심의 끈이 느슨해지지 않는다.

[출처] 〈간결한 소통의 기술, 브리프〉, 조셉 맥코맥 저, 홍선영 역, 더난출판, p.232

Level up Mission

아래 표를 체크하여 나의 프레젠테이션 점수를 진단해보자.

단계	분석	나의 점수 체크		
사전준비	① 청중의 요구조사가 정확히 되었는가?	상	중	하
	② 청중의 질문에 대하여 순발력 있는 답변이 가능한가?	상	중	하
	③ 청중의 수준, 직급, 신분에 맞는 용어나 자료가 표현되는가?	상	중	하
	④ 리허설이 선행되어 졌나?	상	중	하
	⑤ 발표자는 발표하는 내용에 대한 전문지식을 가지고 있는가?	상	중	하
	⑥ 적절한 발표 매체를 이용하고 있는가?	상	중	하
발표자료	⑦ 발표자료에 자료 수집은 철저히 되어 있나?	상	중	하
	⑧ 발표자료가 서론, 본론, 결론 등 스토리보드 구성이 적절한가?	상	중	하
	⑨ 다양한 시청각 자료를 이용하는가?	상	중	하
	⑩ 객관적이고 구체적인 자료를 준비해서 발표하는가?	상	중	하
발표기법	⑪ 적절한 유머를 사용하며 분위기를 좋게 유도하는가?	상	중	하
	⑫ 프레젠터의 의상, 태도는 양호한가?	상	중	하
	⑬ 프레젠터의 음량과 억양은 적절한가?	상	중	하

3. 효과적인 프레젠테이션 방안

(1) 효과적인 프레젠테이션 방안

① 목적을 명확히 하라.

프레젠테이션을 기획하고, 실행하면서 내가 왜 이 프레젠테이션을 하는가에 대해 끊임없이 생각하여 목적을 명확히 하라.

② 청중이 누구이고, 그들의 니즈는 무엇인지 파악하라.

프레젠테이션은 청중을 설득하기 위한 의사표현 방법이다. 그렇기 때문에 청중에 대해서 잘 파악하는 것이 가장 중요하다고 할 수 있다. 청중이 속한 조직의 문화를 파악하고, 청중이 원하는 정보가 무엇인지를 파악하는 것이 성공하는 프레젠테이션의 첫걸음이다.

③ 차별화된 메시지를 효과적으로 전달하라.

청중은 다양한 프레젠테이션에 이미 과도하게 노출된 경우가 많기 때문에 식상한 진행이나 내용에는 귀를 기울여주지 않는다. 전달하고자 하는 내용의 핵심은 포함하고 있지만 기존의 프레젠테이션과는 차별화된 메시지를 차별화된 방법으로 전달한다면 청중의 니즈를 만족시키고 그들의 기억에 오래 남게 될 것이다.

④ 강렬하고 호감가는 인상을 보여줘라.

첫인상의 효과는 매우 중요하며, 첫인상의 속도 또한 매우 빠르다는 연구 결과에서도 알 수 있듯이 프레젠테이션의 내용도 중요하지만 프레젠터의 이미지도 매우 중요하다. 프레젠터가 준비한 메시지 전달에서 그치는 것이 아니라 호의적인 인상을 보여주기 위해서는 밝은 표정과 신뢰감을 주는 모습을 연출해야 한다.

⑤ 핵심만 간단히 전달하라.

앞서 숫자 '3'의 힘을 강조했듯이 발표내용을 구성할 때와 청중에게 전달할 때 핵심만 간단히 해야 한다. 많은 내용이라면 3개 이내의 항목으로 규정하여 효과적인 전달을 해야 한다. 부득이하게 많은 내용을 전달해야 한다면 5개 이하의 항목으로 정리한다.

(2) 프레젠테이션 방해요인 극복 방안

① 연단공포증 극복 방법

연단공포증은 누구나 겪게 되는 현상으로 정도의 차이는 있으나 많은 이들이 고민하는 부분이다. 특히 익숙하지 못한 임무, 생소한 환경, 의사표현 성과에 대한 불안 등 심리적 불안 요인에 의해 생기며, 이러한 요인들은 다음과 같은 방법으로 극복할 수 있다.

- 완전무결하게 준비하라.

- 청중 앞에서 말할 기회를 자주 가져라.

- 시간보다 더 많이 준비하라.

- 충분히 휴식하라.

- 처음부터 웃겨라.

- 심호흡을 하라.

- 청자분석을 철저히 하라.

- 청자를 호박(인간이 아닌 사물)으로 보라.

- 청자의 코를 보라.

② 스피치 연습 방법

- 등이 의자 등에 닿지 않도록 몸을 앞으로 조금 당겨라.

- 앉은 채로 키를 최대한도로 높일 수 있도록 상체를 위로 쭉 뻗어라.

- 가장 큰 소리로 말하는 것처럼 가능한 한 성대와 목의 근육을 조여라.

- 한꺼번에 긴장된 모든 근육을 풀어라.

- 가능한 한 몸을 이완시키고 곧바로 앉아, 목과 목구멍의 근육이 완전히 이완되도록 하라.

- 머리가 정상적인 자세보다 더 어깨에 가까워져야 한다..

- 말하는 동안 하품을 하는 자세로 목의 근육과 목청을 유지할 수 있도록 몇차례 하품을 하여 보아라.

- 이러한 자세를 계속 유지하면서 짧은 문장을 크게 소리 내어 읽어 보아라.

③ 음성을 좋게 하는 방법

- 숨을 얕게 들이마시면 목소리가 떨리기 때문에 숨을 깊게 들이마셔라.

- 음가를 정확히 내기 위해서는 입을 크게 벌려라.

- 입안이 타는 듯하면 소금을 먹어라.

- 긴장이 되면 껌을 씹어라.

- 당분과 지방질 음식이 성대 보호에 좋다(오미자차, 꿀, 과일, 쥬스, 사탕 등).

- 술과 담배를 절제하고, 충분한 휴식을 취하라.

④ 몸짓을 자연스럽게 하는 방법

• 두 다리 사이를 너무 넓게 벌리지 않는다.

• 몸의 체중을 한 쪽 다리에 의존하지 않는다.

• 지나치게 경직된 자세를 피한다.

• 갑자기 자세를 고치지 않는다.

• 뒷짐을 지든가, 팔짱을 끼든가, 손을 주머니에 넣지 않는다.

• 화자와 청자의 시선을 연결시킨다.

• 시선을 골고루 배분한다.

• 눈동자를 함부로 굴리지 않는다.

• 시선을 둘 곳에 둔다.

• 대화의 내용과 시선을 일치시킨다.

⑤ 유머를 활용하는 방법

• 자기의 실패담을 이야기한다.

• 기발한 재료를 모은다.

• 한 단계 더 파고든다.

• 습관적인 사고방식을 배제한다.

• 청자 가운데 한 사람을 화제로 삼는다.

• 쾌활한 태도로 간단한 이야기를 임기응변식으로 처리한다.

• 이야기는 빨리 하고 빨리 끝낸다.

• 서투른 유머를 해서는 안 된다.

• 무리하게 웃기려 해서는 안 된다.

• 청자를 염두에 두고 이야기를 선택해야 한다.

• 뒷말이 나쁜 이야기는 하지 말아야 한다.

• 화자가 먼저 웃어버리면 안 된다.

• 진지한 내용의 연설을 전개할 때, 요점 보강에 주력하되 유머 삽입은 가능하면 피한다.

Level up Mission

아래 제시된 [프레젠테이션 스킬 평가표]에 체크해보고 나의 점수를 평가기준에 비교해보자.

	매우 그렇다			전혀 그렇지 않다	
1. 나는 청중을 분석했다.	5	4	3	2	1
2. 나는 프레젠테이션을 계획하기 전에 기본 목표를 정했다.	5	4	3	2	1
3. 나는 프레젠테이션 구성을 위해 메인 아이디어들을 적었다.	5	4	3	2	1
4. 나는 프레젠테이션을 구성하면서 메인 아이디어들을 구체화했다.	5	4	3	2	1
5. 나는 청중의 주의를 끌 수 있는 도입부를 만들었다.	5	4	3	2	1
6. 나는 결론에서 도입부에 얘기한 것을 다시 언급했다.	5	4	3	2	1
7. 내가 사용한 시각 보조물은 단순하고, 읽기 쉽고, 임팩트가 있었다.	5	4	3	2	1
8. 내가 사용한 시각 보조물은 주의를 집중시키는 효과가 있었다.	5	4	3	2	1
9. 나는 힘있고 침착하게 프레젠테이션을 했다.	5	4	3	2	1
10. 내가 청중에게 제안한 이익(benefit)은 명확하고 강력했다.	5	4	3	2	1
11. 나는 열정적으로 내 생각을 전달했다.	5	4	3	2	1
12. 충분히 연습해서 메모를 보지않고 청중에게 주의를 기울였다.	5	4	3	2	1
13. 내 메모에 키워드만 써서 원고를 읽는 우를 범하지 않았다.	5	4	3	2	1
14. 나는 일어서서 시각 보조물을 사용하면서 연습했다.	5	4	3	2	1
15. 나는 예상되는 질문에 답변을 준비하고, 응답 연습을 했다.	5	4	3	2	1
16. 나는 프레젠테이션 전에 좌석배치와 시청각 도구를 체크했다.	5	4	3	2	1
17. 나는 끝까지 청중들과 시선을 교환했다.	5	4	3	2	1
18. 내 제스처는 긴장되지 않고 자연스러웠다.	5	4	3	2	1
19. 내 목소리는 강하고 명확했으며, 단조롭지 않았다.	5	4	3	2	1
합계					

[출처] Steve Mandel(2002), Effective Presentation Skills, Crisp Pubulications.

[재인용] 〈프레젠테이션 프로페셔널〉, 유종숙·최환진 저, 커뮤니케이션북스, 2014

앞의 표에서 스스로 평가한 점수를 합산해, 자신의 프레젠테이션 스킬이 어느 정도인지 아래 표 [프레젠테이션 스킬 평가 기준]에서 확인해보자.

총점	평가
80~95	뛰어난 프레젠터, 연습을 통해 기본 스킬을 유지할 필요가 있다.
60~80	효과적인 프레젠터가 될 수 있는 잠재력을 가지고 있다.
40~60	이번 학기를 통해 많이 성장할 수 있다.
30~40	연습을 통해 극적인 개선이 필요하다.
30 이하	쉽지 않지만 최선을 다한다면 많은 진전을 할 수 있다.

 Tip 마케팅 PT 필살기

PT에 관해서라면 사실 스티브 잡스의 프레젠테이션 노하우를 소개한 책들을 권하고 싶다. 간결한 내용, 드라마틱한 구성, 흥미를 유발하는 헤드라인, 생생한 표현, 효과적인 숫자 활용 등 기본적이고 실용적인 팁들이 즐비하다.

스티브 잡스가 탁월한 능력을 발휘했던 분야는 신제품 설명 PT다. 보통 업무에서 빈도가 높은 마케팅 플랜 PT와는 다소 차이가 있다. 따라서 여기서 말하고자 하는 것은 바로 그 부문이다.

① 앵무새가 되지 말라.

가장 첫 번째로 명심해야 하는 것은 철저한 내용 숙지. 직접 원고를 쓰고 그 내용을 목으로 머리로 마음으로 샅샅이 이해하고 있어야 한다. 내용 숙지는 PT의 질은 물론 열정의 수준에도 영향을 미친다.

② PT도 말하듯이

오디션 프로그램 〈K팝스타〉에서 JYP 박진영 대표는 몇 가지 어록을 남겼다. 대표적인 게 "공기 반 소리 반", 그와 비슷한 빈도로 강조했던 내용이 "노래는 말하듯이"다. 노래 속에는 가사가 있다. 노래는 '음정이 실린 말'을 하듯이 해야 한다는 게 그의 변이다.

PT도 마찬가지다. 그저 많은 사람을 앞에 두고 하는 말일 뿐이다. 본인의 고유한 말투를 살려라. 참고로 TBWA KOREA 박웅현 크리에이티브 대표는 술자리에서도 강연하듯이 말한다. 평소의 말투와 술자리 말투와 PT말투의 싱크로율은 거의 99%. 목소리 크기만 달라질 뿐이다. 그에게 일상은 곧 PT 연습장이다.

③ THink Different

경쟁 PT의 경우, 실제로 진행되는 순서와 경쟁사의 전략을 생각해야 한다. 광고가 집행될 때도 마찬가지인데, 우리 안이 단독으로 봤을 때는 정말 멋있고 좋은데 TV에서 앞뒤로 다른 광고가 붙어버리면 확 다르게 보이는 경우가 있다. 실제 집행 시의 효과를 염두에 두지 않은 탓이다.

비슷한 톤의 광고가 유행할 때는 그와 다른 톤으로 제작하는 것만으로 실제 광고가 나갈 때 확실히 튀어 보인다. PT도 마찬가지. 비슷한 패턴이 유행한다면 단지 차별을 위한 차별화만 시도하더라도 확실히 돋보일 수 있다. 경쟁사가 비슷한 전략을 내놓을 것으로 예상된다면 아예 다른 전략으로 접근하는 것이 성공 확률을 높인다. 차별화는 그 자체만으로도 확고한 전략이다.

④ 복장은 단정하게

당신은 스티브 잡스도, 마크 주커버그도 아니다. 그들이 터틀넥에 무릎 나온 청바지, 후드 달린 티를 후줄근하게 입고서도 얼마든지 성공했다는 사실에 고무되어 철없이 그들의 패션을 따라 한다면 감점은 따 놓은 당상이다. 패션도 전략, 하지만 '튀는' 패션은 성공한 후에 선택할 수 있는 전략이다.

⑤ 입장부터 PT다.

PT의 시작은 등장부터다. 당당하고 자신감 있는 태도는 기본. 한 걸음 한 걸음 힘있게 내딛으라. 면접 때도 마찬가지다. 면접관 앞에서 대답만 잘하면 된다고 생각하는 모양인지 대기 태도가 불량한 사람이 많다. PT장 입장 걸음걸이가 시원치 않거나, 대기 자세가 좋지 못한 사람치고 결과물이 신통한 경우는 거의 못 봤다.

[출처] 〈바르게 명확하게 전달하는 힘〉, 김지영 저, 위즈덤하우스, p.69

학습평가 Quiz

1 다음 중 프레젠테이션 기획단계에서 처음으로 해야 할 것은 무엇인가?

① 환경분석   ② 자료준비

③ 내용구성   ④ 목적확인

2 '분리수거의 효과적인 방법'에 대한 프레젠테이션은 어떠한 목적으로 기획한 것인가?

① 행동화   ② 동기부여

③ 설득   ④ 정보제공

3 다음 중 효과적인 프레젠테이션 방안으로 적절하지 않은 것은?

① 목적을 명확히 하라.

② 일관된 메시지를 효과적으로 전달하라.

③ 강렬하고 호감가는 인상을 보여줘라.

④ 핵심만 간단히 전달하라.

4 "요령 있는 화자는 청중을 무시하지 않으면서도, 그들을 호박으로 볼 수 있는 자이다."라는 말이 있듯이, 90% 이상의 사람들이 연단에만 오르면 긴장하고, 당황하는 현상을 무엇이라고 하는가?

5 '비즈니스 프레젠테이션'의 의미를 쓰시오.

학습평가 Quiz

학습내용 요약 Review (오늘의 Key Point)

① 프레젠테이션(presentation)이란 프레젠터(발표자)가 원하는 의도와 목적 달성을 위해 특정 주제를 다수의 청중들이 알기 쉽게 전달하는 의사소통 방법이다.

② 비즈니스 프레젠테이션이란 비즈니스 상의 목적을 달성하기 위해 실행하는 프레젠테이션으로, 프레젠터가 준비한 핵심 메시지를 바탕으로 상대를 설득하는 커뮤니케이션 행위라고 할 수 있다.

③ 프레젠테이션의 목적은 설득, 동기부여, 정보제공, 행동화 등이다.

④ 프레젠테이션의 프로세스는 크게 기획단계와 실행단계로 나뉘며, 기획단계는 ① 목적 확인 ② 환경 분석, ③ 자료 준비, ④ 내용 구성이 있고, 실행단계는 ① 예행 연습(리허설), ② 수정·보완, ③ 발표가 있다.

Part

기초외국어
능력

5

NCS
의사소통
능력

Chapter

13

Chapter 13
기초외국어
능력 향상

1. 기초외국어 능력의 개념과 중요성
2. 기초외국어 능력이 필요한 상황과 사례
3. 기초외국어 능력 향상을 위한 공부 방법

Learning Objectives

1. 기초외국어 능력의 개념과 중요성을 설명할 수 있다.
2. 기초외국어 능력이 필요한 상황과 그에 따른 사례에 대해 설명할 수 있다.
3. 기초외국어 능력을 향상시킬 수 있는 효과적인 공부 방법에 대해 설명할 수 있다.

"車업계 글로벌 경쟁력, 직원들 외국어 능력 키운다."

김용근 한국자동차산업협회 회장이 협회 직원들의 외국어 능력을 강조하고 있다. 생산량 세계 5위라는 한국 자동차산업의 위상과 협회의 업무에 걸맞게 임직원들도 글로벌 경쟁력을 갖춰야 한다는 판단 때문이다.

협회에 따르면 김 회장은 최근 직원들에게 "협회 업무에서도 영어 등 외국어 능력의 필요성이 더 커지고 있는데, 아직 부족한 사람들이 많은 것 같다."며 "협회 경쟁력을 높이려면 직원들의 외국어 능력을 향상시키는 일도 중요하다."고 주문했다.

협회 조직은 통상협력팀과 산업조사팀, 환경기술팀 등으로 구성돼 있다. 해외 유관기관과의 산업협력 강화와 국제통상이슈 대응, 통상관련 국제회의 참가, 수출입 국내 규정과 제도 개선, 자동차 환경관련 규제 등 해외 자료조사와 활용, 국내외 자동차산업 통계 관리 등 상당수가 글로벌 업무다.

그는 협회의 역할에 대한 새로운 변화와 현안대응 능력을 키우기 위해 힘쓰고 있다. 최근 몇 년간 국내 자동차 생산량과 고용수준이 정체 국면에 있고, 글로벌시장에서의 경쟁은 더 치열해지면서 협회도 국내 자동차산업 경쟁력을 고도화하는데 적극적인 역할을 수행해야 하기 때문이다. 직원들의 외국어 능력 향상을 주문한 것도 이 같은 이유다. 협회는 현재 직원들 외국어 교육을 위해 매월 10만원 수준에서 비용을 지원하고 있다.

김 회장은 평소에도 "국내 자동차산업의 글로벌화가 진전되면서 해결해야 할 새로운 이슈들도 계속 제기되고 있다."며 "협회 임직원 모두가 자동차산업 위상에 걸맞는 실력과 전문성을 높여 나가는데 최선을 다해야 한다."고 강조해왔다.

자동차산업협회 관계자는 "협회가 세계적인 수준으로 발전해 나갈 수 있도록 다양한 노력을 기울이고 있다."며, "앞으로도 전문성을 갖춘 협회인을 육성하고 우리 자동차산업이 세계적인 최상급 위상으로 발전하는데 힘써 나갈 것"이라고 말했다.

[출처] 아시아경제, 2016.07.25.일자, 작성자 : 김대섭 기자

사전진단 self check

1 다음 중 기초외국어 능력에 해당하지 않는 것은?

① 문서이해

② 의사표현

③ 경청

④ 문서전달

2 다음 중 외국어 능력이 필요한 상황이 아닌 것은?

① 외국인들과의 업무를 할 때

② 공장의 외국기계를 사용할 때

③ 취미활동을 할 때

④ 외국산 제품의 사용법을 확인할 때

3 기초외국어 능력 향상을 위한 공부 방법으로 적절하지 않은 것은?

① 외국어 공부의 목적을 설정한다.

② 반복적으로 학습한다.

③ 주요 용어를 암기한다.

④ 혼자 열심히 공부한다.

1. 기초외국어 능력의 개념과 중요성

우리는 국제화, 세계화가 당연시 되는 시대에 살고 있다. 세계는 우리를 향해 국경과 장벽을 허물고 있으며, 일상적인 직업생활에서 우리는 국제 간 물적, 인적자원의 자유로운 이동으로 비단 우리나라에서만 업무를 추진하는 것이 아니라 세계와 함께 하고 있다. 이처럼 세계는 서로 밀접한 영향을 주고받으며 살아가고 있다.

(1) 기초외국어 능력의 개념

기초외국어 능력이란 직업생활에 있어 우리의 무대가 세계로 넓어지면서 우리만의 언어가 아닌 세계의 언어로 의사소통을 가능하게 하는 능력을 말한다. 기초외국어 능력은 외국인들과의 유창한 의사소통을 뜻하는 것은 아니다. 다만, 직업생활 중에 필요한 문서이해나 문서작성, 의사표현, 경청 등 기초적인 의사소통을 기초적인 외국어로서 가능하게 하는 능력을 말한다.

기초외국어 능력이란 외국어로 된 간단한 자료를 이해하거나, 외국인과의 전화응대와 간단한 대화 등 외국인의 의사표현을 이해하고, 자신의 의사를 기초외국어로서 표현할 수 있는 능력이다.

(2) 기초외국어 능력의 중요성

국제화, 세계화 시대에 살고 있는 우리들은 다른 나라와의 무역을 당연하다고 여긴다. 다른 나라와의 무역을 위해서는 우리의 언어가 아닌 국제적인 통용어를 사용하거나, 경우에 따라서는 그들의 언어로 의사소통을 해야 하는 경우가 생기기도 한다. 기초외국어 능력은 외국어로 된 메일을 받고 이를 해결하는 상황, 외국인으로부터 걸려온 전화 응대, 외국어로 된 업무관련 자료를 읽는 경우, 외국인 고객을 상대하는 경우 등 다양한 상황에서 필요한 능력이다.

하지만 기초외국어 능력이 필요한 경우는 비단 외국인들과의 업무가 잦은 특정 직업인의 경우에만 필요한 것은 아니다. 우리의 주변을 둘러보면 흔히 컴퓨터에서부터 공장의 기계사용, 외국산 제품의 사용법을 확인해야 하는 경우에 이르기까지 외국어로 작성되어 있는 것이 많고, 이때 기초외국어를 모르면 불편한 경우가 많기 때문에 기초외국어 능력은 직업인으로서 중요하다고 할 수 있다.

국제화 시대가 가속화됨에 따라 직업인들은 외국인과 함께 일할 기회가 증가되었지만, 그들과의 의사소통을 위한 기초외국어 능력의 부족으로 때로는 심각한 결과에 이르는 경우가 있다. 이러한 실수를 막기 위해서는 먼저 자신의 업무를 파악하고, 자신의 업무에서 기초외국어 능력이 필요한 상황에는 어떤 상황이 있을지 아는 것이 중요하다. 외국인이라고 해서 그들과의 의사소통에 특별한 방법이 있을 것이라고 생각하지 말고, 그들도 우리와 똑같은 업무를 보지만 사용하는 언어가 우리와 다르다고 생각하면 외국어로 의사소통하는 일이 그리 어렵지만은 않다고 느낄 것이다.

 사례 : 내 발목을 잡는 외국어

특급호텔 총무팀에서 근무하고 있는 김대리는 그동안 비용절감 등으로 큰 성과를 보이며 승승장구 해왔지만 요즘 따라 외국어 능력 때문에 주눅이 많이 들고 있다. 외국계 호텔이지만 고객을 대면하지 않고 사무실에서만 근무하기 때문에 그동안에는 영어 등의 외국어 실력이 드러나지 않았다. 그러나 최근 호텔 전체의 유선 전화 시스템을 재정비하고 있는 기간이라 그런지 객실의 전화가 총무팀으로 자주 연결되고 있다. 외국인 손님이 70% 이상을 차지하는 호텔이라 객실의 전화가 대부분 외국어이기 때문에 김대리는 요즘 전화 받기가 두려울 정도이다.

오늘 아침에도 영어를 사용하는 고객의 전화가 김대리에게 연결되어 김대리는 당황하여 식은땀이 나기도 했다. 그는 고객에게 연신 "Sorry~"를 외치며 다른 직원에게 전화를 연결해주고 끊어버리기도 했다. 우연히 사무실을 지나치던 사장님이 이 장면을 보고 눈살을 찌푸리며 김대리의 상사를 불러 조치를 취하라고 지시했다.

김대리의 상사는 김대리를 불러 이러한 상황을 설명해주었지만 김대리도 그의 상사도 답이 없어 한숨만 연신 내쉬고 있다. 지금 김대리에게 필요한 것은 무엇일까?

2. 기초외국어 능력이 필요한 상황과 사례

(1) 기초외국어 능력이 필요한 상황

외국인과 함께 일하는 국제 비즈니스에서는 의사소통이 매우 중요하다. 직업인은 자신이 속한 조직의 목적을 달성하기 위해 외국인을 설득하거나 이해시켜야 한다. 하지만 이런 설득이나 이해의 과정이 모든 업무에서 똑같이 이뤄지지는 않는다. 예를 들어, 비서 업무를 보는 사람은 외국인과의 의사소통 상황에서 전화 응대나, 안내 등의 기초외국어를 숙지하는 것이 필요하고, 공장에서 일하는 사람의 경우에는 새로 들어온 기계가 어떻게 작동되는지 매뉴얼을 봐야 하는 상황에서 기초외국어 능력이 필요하며, 일반 회사원의 경우 다양한 상황에 직면할 수 있지만 주로 외국으로 보낼 서류를 작성하거나, 외국에서 온 서류를 이해하여 업무를 추진해야 하는 상황에서 기초외국어 능력이 필요할 것이다.

기초외국어 능력은 직업생활에 따라 다양한 상황에서 필요한 것이며, 외국어라고 해서 꼭 영어만 중요하거나 필요한 것은 아니고, 자신의 분야에서 주로 상대해야 하는 외국인 고객이나 외국회사에 따라 요구되는 언어는 다양하다. 무엇보다 중요한 것은 자신에게 기초외국어 능력이 언제 필요한지 잘 숙지하고, 그에 대비하여 자신의 업무에서 필요한 기초외국어를 적절하게 구사하는 것이다.

비즈니스를 하다보면 점차 다양한 외국의 선진기술을 접할 기회가 증가하고 있다. 다른 나라의 기술이나 기계 등은 시스템 자체가 우리나라의 것과는 다른 경우가 종종 있다. 그러므로 원활한 업무상황을 위하여 업무와 관련한 간단한 기초외국어를 익혀둔다면 갑작스러운 상황이 닥쳐도 당황하지 않고 업무를 해결해 나갈 수 있을 것이다.

(2) 외국어 문서작성 사례

① 영문메모(Business memorandum)

'영문메모(Business memorandum)'는 간단히 줄여서 우리가 흔히 'Memo'라고 부르는 의사소통을 위한 문서의 한 형태이다. 최근 비즈니스 상에서 이메일의 사용 증가로 조직 내에서 서신이나 팩스를 통한 의사소통은 많이 줄었지만 여전히 문서를 게시판에 게시하는 등의 정보교환은 이루어지고 있다.

　비즈니스 메모와 비즈니스 서신과의 차이점은 수신인주소, 서두인사말, 결구 등과 같은 격식이 많이 생략된다는 점이다. 대부분의 회사들이 비즈니스 메모의 고유양식을 가지고 있다. 아래 ABC회사의 영문메모의 사례를 살펴보고 Level up Mission에 답하여 보자.

 Level up Mission

아래 영문메모의 사례를 읽고 다음의 질문에 답하여 보자.

> 1. 회의 일시와 장소는?
> 2. 이 회의의 안건은 무엇인가?
> 3. 회의에 참석 못할 경우 누구에게 알려줘야 하는가?

 사례 : 비즈니스 영문메모 - 회의공지

ABC

Memoramdum

To : John G. Roy, Vice President
From : Ann Dunkin
Subject : Public Affairs Meeting
Date : June 15, 2017

This note will confirm that the Public Affairs Meeting will be held on Monday, June 15, at 10 a.m. in the ABC conference Room. Agenda is as follows:

(1) New-product Publicity
(2) Chamber of Commerce Awards Ceremony
(3) Corporate Challenge Marathon

Please notify Ms. Oh if you cannot attend.

　　[출처] 〈의사소통의 이해와 실제〉, 장은주·송현정 저, 청람, 2016, p.215~216 (내용수정)

② 영문 이메일(Business e-mail)

'이메일(e-mail)'이란 전자우편(electronic mail)으로 인터넷을 통하여 정보를 전달하는 시스템이다. 전자우편은 상대방과 네트워크로 연결되어 있어 전자우편의 주소만 가지고 있다면 전 세계 어느 곳에서든 몇 분 이내로 메시지를 수신할 수 있으며, 우편이나 팩스보다 비용 또한 저렴하여 세계적으로 가장 널리 이용되고 있다.

다음 홍콩지사의 Mr. Smith 씨의 비서인 Ann Dunkin이 Steven Roy에게 'conference call'의 일정에 대해 알려주는 이메일이다. 사례를 읽고 level up Mission에 답하여 보자.

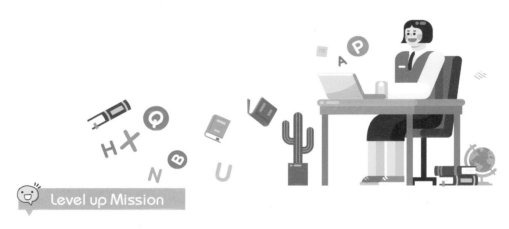

Level up Mission

뒷장의 영문 이메일의 사례를 읽고 다음의 질문에 답하여 보자.

1. Mr. Smith는 언제 Steven Roy에게 'conference call'을 할 예정인가?

2. Mr. Roy가 여행 중일 경우 어떻게 대처해야 하는가?

3. 이번 주말 전에 서로 알아야 할 내용은?

사례 : 비즈니스 영문 이메일 : coference call 일정공지

To : "Steven Roy" 〈sroy@cellfirst.com〉
From : "Ann Dunkin" 〈adunkin@cellfirst.com〉
Date : Tue, June 27, 2017 13:07:24
Subject : Conference Call

Dear Steven,
This coming Tuesday 2nd July at 4:00pm(Hong Kong time), Mr.John Smith will speak on a conference call to you. Please let me know if you are unable to call in or if you be traveling and calling in from a mobile.

The telephone number, pass code and conference room location will be communicated before the end of the week.

Best regards,
Ann Dunkin

[출처] 〈의사소통의 이해와 실제〉, 장은주·송현정 저, 청람, 2016, p.217. (내용수정)

 # 3. 기초외국어 능력 향상을 위한 공부 방법

국제화 시대에서 살아가는 우리들은 국내시장 중심의 업무반경이 세계로 넓혀지면서 기초외국어 능력에 대한 관심이 더욱 증대되고 있다. 특히 누구나 외국어 하나쯤, 특히 영어를 잘해야 한다는 강박관념에 시달리고 있는 현대의 직업인들에게는 외국어를 유창하게 한다는 것이 그리 쉬운 일은 아니다.

직업인으로서 유창한 외국어실력을 갖추지 못했다 하더라도, 이제는 기초외국어 능력만은 필수적으로 갖추어야 하는 시대에 살고 있지만 어디서부터 어떻게 시작해야 하는지 막막하기만 하다.

매일 벅찬 업무에 시달리는 직업생활로 자기투자, 특히 외국어공부를 위한 시간을 내기 어려운 직업인이 많다. 하지만 직업생활에서 요구되는 기초외국어 능력의 향상은 그리 거창하지 않아도 된다. 조금의 노력으로 일상에서 이뤄나갈 수 있는데, 많은 노력을 들이지 않고도 실천할 수 있는 방법들은 다음과 같다. 기초외국어 능력은 하루아침에 길러지는 것이 아니므로, 매일 규칙적으로 실행해서 축적해 나가는 것이 중요하다.

- 외국어공부의 목적부터 정하라.
- 매일 30분씩 눈과 손과 입에 밸 정도로 반복하라.
- 실수를 두려워하지 말고, 기회가 있을 때마다 외국어로 말하라.
- 그림만 구경해도 좋으니 외국어 잡지나 원서와 친해지자.
- 혼자 공부하다보면 소홀해 지기 쉬우니 라이벌을 정하고 공부하라.
- 업무와 관련된 주요 용어의 외국어는 꼭 알아두자.
- 출퇴근 시간에 외국어방송을 보거나, 듣는 것만으로도 귀가 트인다.
- 어린이가 단어를 배우듯 외국어 단어를 암기할 때 그림카드를 사용해보라.
- 가능하면 외국인 친구를 사귀고 대화를 자주 나눠보라.

기초외국어 능력 향상을 위해서 가장 중요한 점은 다른 나라와 문화에 대해 적극적으로 관심을 가지고 새로운 것을 받아들일 때 즐거운 마음을 가지는 것이다.

학습평가 Quiz

1 다음 중 기초외국어 능력에 해당하지 않는 것은?

① 문서낭독　　　　　　　　　　② 의사표현

③ 문서이해　　　　　　　　　　④ 문서전달

2 다음 중 외국어 능력이 필요한 상황은 언제인가?

① 거래처와의 미팅에 참석할 때

② 거래처에 대한 해외평가 정보를 수집할 때

③ 거래처와 이메일을 주고 받을 때

④ 거래처 담당자와 통화할 때

3 기초외국어 능력 향상을 위한 공부 방법으로 적절하지 않은 것은?

① 외국 잡지에서 그림을 감상한다.

② 그림카드를 활용한다.

③ 주요 용어를 암기한다.

④ 영어사전 한 권을 통째로 외운다.

4 우리가 흔히 사용하는 영문메모 'Memo'는 어떤 단어의 줄임말인가?

5 기초외국어 능력이란 무엇인가?

학습평가 Quiz

① 기초외국어 능력이란 외국어로 된 간단한 자료를 이해하거나, 외국인과의 전화응대와 간단한 대화 등 외국인의 의사표현을 이해하고, 자신의 의사를 기초외국어로서 표현할 수 있는 능력이다.

② 기초외국어 능력에 해당하는 의사소통은 문서이해나 문서작성, 의사표현, 경청 등이 있다.

③ 외국어능력이 필요한 상황은 ① 외국인들과의 업무를 할 때 ② 공장의 외국기계를 사용할 때 ③ 외국산 제품의 사용법을 확인할 때 등 다양하다.

④ 기초외국어 능력 향상을 위한 공부 방법으로는 ① 외국어 공부의 목적을 설정한다. ② 반복적으로 학습한다. ③ 주요 용어를 암기한다. ④ 짜투리 시간을 활용해서 자주 듣는다.
아래와 같은 공부 방법도 기초외국어 능력 향상에 도움이 된다.

- 외국어공부의 목적부터 정하라.
- 매일 30분씩 눈과 손과 입에 밸 정도로 반복하라.
- 실수를 두려워하지 말고, 기회가 있을 때 마다 외국어로 말하라.
- 그림만 구경해도 좋으니 외국어 잡지나 원서와 친해지자.
- 혼자 공부하다보면 소홀히 지기 쉬우니 라이벌을 정하고 공부하라.
- 업무와 관련된 주요용어의 외국어는 꼭 알아두자.
- 출퇴근 시간에 외국어방송을 보거나, 듣는 것만으로도 귀가 트인다.
- 어린이가 단어를 배우듯 외국어 단어를 암기할 때 그림카드를 사용해보라.
- 가능하면 외국인 친구를 사귀고 대화를 자주 나눠보라.

 # 참고문헌

〈EBS 다큐프라임 설득의 비밀〉. EBS제작팀 · 김종명, 2009

Steve Mandel(2002), Effective Presentation Skills, Crisp Pubulications.

〈Win 이기는 말〉, 프랭크 런즈 저, 이진원 역, 해냄, p.50

〈간결한 소통의 기술, 브리프〉, 조셉 맥코맥 저, 홍선영 역, 더난출판, p.232

〈경청〉, 조신역 · 박현진, 위즈덤하우스, 2007, p.108~111, 내용 수정

다이퀘스트. 신뢰도 높이는 비즈니스 이메일 작성요령 수정 발췌

〈대화의 신〉, 래리 킹 저, 강서일 역, 위즈덤하우스, 2015, p.72

〈말하기의 정석〉, 하인츠 골트만 저, 윤진희 역, 리더북스, 2006, p.61

〈비즈니스 커뮤니케이션〉, 박상희 저, 대왕사 2015, p.155, 164

〈비즈니스 커뮤니케이션〉, 유순근 저, 무역경영사, 2016, p.203

〈비즈니스 커뮤니케이션〉, 이재희 · 최인의 저, 한올, 2014. p.89, 104

〈빠르게 명확하게 전달하는 힘〉, 김지영 저, 위즈덤하우스, p.69

〈성공한 1% 리더들의 고품격대화〉, 신영란 저, 평단, 2016, p.118, 194

〈어떻게 말할까〉, 로버트 볼튼 저, 한진영 역, 페가수스, 2016, p.39~40

〈인생이 바뀌는 말습관〉, 사사키 케이이치 저, 황선종 역, 한국경제신문, 2017, p.20, 84

직장인 72.6% "문서 보관 골치"… 업무 환경 개선 방법은?

[천지일보=최유라 기자]2015.10.17. 참고

〈책사들의 설득력〉, 김옥림, 팬덤북스, p.23

〈최고의 설득〉, 카민 캘로 저, 김태훈 역, RHK, 2017, p.203

〈프레젠테이션 프로페셔널〉, 유종숙 · 최환진 저, 커뮤니케이션북스, 2014

한경닷컴 뉴스팀 newsinfo@hankyung.com 2017-02-28

NCS 의사소통 능력

초판 1쇄 발행	2018년 1월 15일
재판 1쇄 발행	2019년 2월 20일
재판 2쇄 발행	2021년 2월 10일

저 자	권인아 · 오정주
펴낸이	임 순 재
펴낸곳	(주)한올출판사
등 록	제11-403호
주 소	서울시 마포구 모래내로 83(성산동 한올빌딩 3층)
전 화	(02) 376-4298(대표)
팩 스	(02) 302-8073
홈페이지	www.hanol.co.kr
e-메 일	hanol@hanol.co.kr
ISBN	979-11-5685-615-3